현재 삶으로 돌아오다

현재 삶으로 돌아오다

깨어남의 여정, 마음공부의 길

임순희 지음

침묵의 향기

| 머리말 |

'깨달음', '견성'은 먼 세계의 일이 아니다.

깨달음은 현재 삶의 본래모습을 깨닫는 것이고, 견성(見性)은 지금 나 자신의 본성을 자각하는 것이다. 우리는 늘 현재를 살고 있다. 삶도 현재의 일이고, 나도 현재의 나이며, 깨달음도 현재의 깨달음이다. 그래서 현재와 삶과 나, 그리고 깨달음은 분리할 수 없다. 현재 내가 살고 있는 이 순간에 깨달음의 길이 있다.

요즘은 깨달음, 견성이라는 말 대신 '마음공부'라는 말을 많이 사용한다. 마음은 누구에게나 갖추어져 있고 누구나 마음을 떠나 살지 않는다. 그러므로 이 단어가 주는 친근함이 깨어남을 가로막는 장벽을 낮춘다. '본래마음'은 나의 본성이자 이 삶의 원천이다. 마음은 내가 숨 쉬고 생각하고 느끼고 아는 일상의 본질이다. 매 순간 어떤 경험이 펼쳐지든 이 마음을 벗어나 있지 않다.

단 한 번도 이 마음을 떠나 있지 않지만, 많은 사람은 진실에 어둡다. 이것에 관심이 없고, 깨달음은 아무나 이룰 수 없다고 제쳐 놓았다. 그러나 본성을 깨닫는 것은 특별한 사람들의 일이 아니며, 생각처럼 어려운 일도 아니다. 늘 이 마음을 떠나 있지 않기 때문이다.

마음바탕에 밝지 않고는 어느 누구도 자기의 삶을 제대로 살았다고 할 수 없다. 나와 삶의 본질이 바로 마음 하나이므로 삶이 곧 마음이고 내가 곧 마음이어서, 내가 삶을 살아도 끝내는 그런 일이 없다. 삶의 진실에 밝아지려면 진실에 눈을 뜬 사람의 가르침을 따라야 한다. 그의 가르침을 믿고 제대로 따라간다면 오랜 시간이 지나지 않아 활짝 밝아질 수 있다.

'본래마음'을 자각하고 활짝 밝아지는 것을 방해하는 것은 아이러니하게도 이 마음에서 일어나는 분별망상이다. 살아오면서 받아들인 개념에 사로잡히면서, 있는 그대로의 마음을 깨닫지 못하고 있다. 진실에 눈든 선(禪)의 스승을 따라가다 보면 자기도 모르게 꿈에서 깨듯 저절로 눈이 뜨인다. 이 마음을 곧바로 가리키는 법문을 아무런 선입견 없이 듣다 보면, 생각이 사라지면서 자기도 모르게 본성을 체험하게 된다.

본래마음이 문득 드러난 뒤, 습관적으로 사로잡히는 분별망상에서 남김없이 깨어나면, 이 세계의 참모습이 활짝 드러난다. 본래 나, 본래 삶, 본래 법(法, 진리)은 마음에 어떠한 분별집착심도 남아 있지 않은 세계다. 분별망상심이 모두 사라진 곳에 진실한 세계가 열려 있다. 이것이 참된 해탈이고 자유임을 체험적으로 깨닫게 된다.

　이 책은 자기 자신과 삶에서 깨어나는 마음공부의 여정을 담았다. 필자의 공부 경험을 바탕으로 선종(禪宗) 문하에서 깨어남의 본보기가 되는 〈십우도〉를 소개하였다. 또, 조사선(祖師禪) 문하에서 깨어난 선사(禪師)들의 안목과 《화엄경》 등 깨어남의 여정에 바른 안내가 될 수 있는 경전의 말씀도 함께 담았다.

　이 책을 읽다 보면 깨달음이 신비한 것도 아니며 먼 곳에 있지 않다는 것도 알게 된다. 평범한 일상을 사는 우리 모두의 진실이고, 누구나 뜻이 있다면 그리 어렵지 않게 깨어날 수 있음을 알 수 있다. 마음공부에 뜻을 두고 눈 밝은 스승을 만나 법문을 들으며 진실한 마음으로 나아간다면 누구나 본성에 밝아질 수 있다.

　마음은 나 자신이자 내 삶의 본성이다. 지금 경험하는 모든 것이며, 온 생애가 이 하나의 체험일 뿐이다. 분리된 모든 것이 참으로 이 하나의 표현임에 밝아진다면, 이전의 삶과는 비교할 수 없는 자유를 느낄 것이다. 실상에 밝은 삶과 실상에 어두운 삶은 하늘과 땅보다 더 차이가 크다. 존재의 무게, 삶의 무게가 사라진 삶은 그렇지 못한 삶과 차원이 다르기 때문이다. 그 길은 아주 가까이에 있다.

　책이 나오기까지 여러 도반의 도움이 있었다. 녹취와 교정에 참여한 권명은, 남혜정, 박정은, 최순복, 한지선 도반께 감사드린다.

이름을 모두 밝힐 수 없지만 공부 체험을 나눠 주신 많은 도반께도 깊은 감사를 드린다. 이 책이 독자 여러분의 마음공부 여정에 도움이 되기를 바란다.

2022년 7월 31일
제주 백련재에서
임순희 합장

| 십우도에 관하여 |

　십우도(十牛圖)는 선(禪) 공부가 깊어지면서 일어나는 내적 변화를 열 가지 그림으로 표현한 것이다. 십우도에는 중국 송나라 때 만들어진 보명(普明)의 것과 곽암(廓庵)의 것이 있다. 보명의 십우도는 소를 길들인다는 뜻에서 목우도(牧牛圖)라 하며, 마지막 열 번째 그림에만 원상(圓相)을 묘사했다. 반면, 곽암의 십우도는 소를 찾는 것을 묘사했다고 해서 심우도(尋牛圖)라 하며, 처음부터 마지막까지 모든 단계를 원상 안에 묘사했다.

　필자는 두 가지 십우도 가운데 곽암의 것을 이 책에 소개하였다. 본래마음을 상징하는 원상은 우리가 깨닫기 이전부터 완전하게 갖추어져 있다. 따라서 곽암의 십우도가 실상에 더 부합한다는 생각이 들었다.

　십우도는 마음공부를 시작한 동자가 본성이라는 소를 찾는 그림으로 시작한다. 동자가 산속을 헤매다가 마침내 소를 보게 되고 소를 붙잡는다. 소와 씨름을 하다가 소와 익숙해지는 과정을 지나며, 이어 소와 사람이 모두 사라진 경지를 체험한다. 주객관이 모두 사라진 본성을 깨닫고 추구와 분별이 쉬어진 자리에서 다양한 현상으로 드러나는 현실을 걸림 없이 살아가는 여정이 소개되었다.

곽암의 십우도를 단계별로 보면 다음과 같다.

① 심우(尋牛), 소를 찾다. 소를 찾는 동자가 망과 고삐를 들고 산속을 헤매는 모습으로 묘사된다. 처음 발심한 공부인이 본성이 무엇인지 깨달으려는 마음으로 공부에 임하는 것을 상징한다.

② 견적(見跡), 소의 발자국을 보다. 소의 발자국을 발견하는 모습으로 묘사된다. 안목이 바른 선지식을 만나 안내를 받으며 꾸준히 공부하는 것을 상징한다.

③ 견우(見牛), 소를 보다. 동자가 소를 발견하는 모습으로 묘사된다. 공부인이 본성을 문득 체험하는 것을 상징한다.

④ 득우(得牛), 소를 얻다. 동자가 소를 붙잡아서 막 고삐를 끼는 모습으로 묘사된다. 본성을 체험했으나 아직 분별심이 남아 있어서 혼란을 겪는 상태. 그러나 시간이 지나면서 점점 본래마음에 익숙해지고 밝아지는 것을 상징한다.

⑤ 목우(牧牛), 소를 길들이다. 거친 소를 자연스럽게 놓아두더라도 저절로 가야 할 길을 갈 수 있게 길들이는 모습으로 묘사된

다. 더는 챙기지 않아도 소가 달아나지 않는 시기로, 물들지 않는 본래마음에 익숙해지면서 분별심이 한층 쉬어지는 공부로 접어드는 것을 상징한다.

⑥ 기우귀가(騎牛歸家), 소를 타고 집으로 돌아오다. 동자가 소를 타고 구멍 없는 피리를 불면서 본래 고향으로 돌아오는 모습으로 묘사된다. 모든 추구를 놓아 버리고 인연에 내맡기는 공부를 상징한다. 동자는 저절로 소와 하나 되어, 구멍 없는 피리 즉 본성의 자리에서 흘러나오는 소리를 따라가고 있음을 상징한다.

⑦ 망우존인(忘牛存人), 소는 사라지고 사람만 남다. 집에 돌아와 보니, 애써 찾은 소는 온데간데없고 자기만 남아 있는 것으로 묘사된다. 결국, 소는 마지막 종착지인 본래마음(心源)에 도달하기 위한 방편이었다. 본래고향으로 돌아오니 소라는 방편도 잊었다.

⑧ 인우구망(人牛俱忘), 소와 사람 모두 사라지다. 소 다음에 자기 자신도 잊어버린 상태로서 텅 빈 원상으로 묘사된다. 법을 생각하는 마음인 소를 잊었으며, 소를 상대하고 있던 사람도 사라져서, 주객이 분리되기 이전의 세계가 활짝 열린 것을 상징한다.

⑨ 반본환원(返本還源), 근원으로 돌이켜 원래대로 돌아오다. 주객이 텅 빈 원상 속에 세계가 있는 그대로 비치는 것으로 묘사된다. 어떠한 분별심도 남아 있지 않은, 있는 그대로 세계가 드러난다.

⑩ 입전수수(入廛垂手), 저잣거리로 들어가 도움의 손길을 베풀

다. 지팡이에 큰 포대를 메고 사람들이 많은 곳으로 가는 모습으로 묘사된다. 활짝 깨어난 안목으로 걸림 없이 살아가며, 인연에 따라 사람들에게 깨어남의 길을 안내한다.

본래마음은 원상처럼 발심하기 이전부터 완전하게 갖추어져 있다. 그러나 사람 스스로 분별심에 사로잡혀 이 사실을 보지 못한다. 십우도는 사람이 발심하여 분별심에서 깨어나면서 본래마음에 밝아지는 여정을 묘사했다. 마음공부에 뜻을 두고 본래마음이 밝아지는 여정에 든 사람에게 실질적인 안내서가 된다. 십우도에 관한 곽암 화상의 시와 괴납련 화상, 석고이 화상의 화답은 발심하여 본래마음을 체험하고 깊어지며 무르익고 활짝 밝아지는 여정에 일어날 수 있는 내적 변화를 잘 소개하고 있다.

필자는 십우도의 핵심 가르침을 현대인이 받아들이기 쉽게 설명하고 싶었다. 그래서 곽암 화상의 시와 괴납련 화상, 석고이 화상의 화답을 소개하고, 필자의 공부 경험을 설명했으며, 시기마다 공부인들이 겪을 수 있는 내적 경계를 소개하였다. 공부 체험을 바탕으로 십우도를 소개했기에 이 가르침이 현대를 사는 공부인들에게 현실적으로 다가갈 것이다.

목차

머리말 · 5
십우도에 관하여 · 9

1 왜 마음공부를 해야 하나? · 15
2 과거, 현재, 미래가 지금 여기에서 펼쳐지고 있다 · 31
3 아, 세상 모든 것이 이것이네! · 59
4 정상에 올랐다가 구름 속에 갇혔다가 · 87
5 피할 수 없는 곳으로 들어가라! · 111
6 끝 간 데 없이 펼쳐진 의식 하나 · 143
7 본래 아무 일이 없었다 · 168
8 현재 삶으로 돌아오다 · 201

1
왜 마음공부를 해야 하나?

어린 시절, 국민학교 운동장에 아주 오래된 왕벚나무가 있었다. 점심시간에 이 나무에 기대어 운동장을 바라보곤 했다. 아이들이 흙먼지가 날리는 운동장에 모여 축구도 하고 고무줄놀이도 하며 놀았지만, 나는 나무에 기대어 그들이 노는 모습을 바라만 보았다. 아이들 속으로 들어가 함께 놀지도 못했고, 운동장을 벗어나 다른 곳으로 가지도 못했다. 경계선에 서서 안을 향한 채 어정쩡하게 서 있었다.

유년 시절 내가 세상을 바라보는 심리적 위치가 그랬다. 경계선에 서서 사람들 속으로 들어가지도, 아예 외면한 채 밖으로 나오지도 못했다. 이런 위치는 가족들 사이에서도 마찬가지였고 커가면서 사람들과 관계 속에서도 그랬다. 세상 속 어떤 존재든 사건이든 사물이든 그것에 대한 마음이 없지 않으나 그것과 충분히 함께하지 못하고, 가까이 있되 늘 둘인 분리감이 내 삶을 지배했다. 그래서 한때 정현종 시인의 시 〈섬〉을 되뇌곤 했다.

사람들 사이에 섬이 있다.
나는 그 섬에 가고 싶다.

사람들 사이 섬을 느꼈으며, 사람을 가로막는 섬이 무엇인지 궁금했다. 관계 속에서 느끼는 외로움은 단순한 감정이 아니라, 인간이기에 어쩔 수 없이 느껴야 하는 불만족처럼 느껴졌다. 그래서 친구를 사귀지 못한 외로움이나 늘 지켜봐 주고 보듬어 줄 보호자가 없는 수준의 외로움을 넘어 더 깊은 차원의 분리감을 느꼈다. 사람들 사이에 느껴지는 틈 혹은 외로움은 때로 실크 스크린처럼 얇거나 아주 작은 이물감처럼 느껴지기도 하고, 아주 두껍고 견고한 장벽처럼 다가오기도 했다.

어린 시절부터 끝 간 데 없이 펼쳐진 우주 속, 지구 안, 작은 나라의 외딴 섬, 중산간 마을의 소박한 학교 운동장 가에 홀로 선 아이의 눈으로 세상을 바라보게 되었다. 검푸르게 펼쳐진 우주를 상대하는 아주 작은 아이의 느낌은 깊은 외로움과 위축이었다. 작은 배추벌레보다도 연약한 자기 같았다. 두려움과 외로움 속에서도 스스로 이 문제를 해결해 보려는 의지가 있었던 것은 참 다행스러운 일이었다.

책을 읽게 되고 섬을 떠나 더 넓은 세상으로 나가는 꿈을 꾸었다. 회색빛처럼 모호하고 조금 우울하며 사색적인 눈으로 바다 너머를 바라보며, 저 너머에는 지금 이런 색채보다 더 밝고 산뜻한

색채의 삶이 있을 것이라는 기대를 했다. 그런 꿈대로 작은 아이는 커서 섬을 나와 육지의 대학에 들어갔다. 바다로 갇힌 섬이 아닌, 대지의 끝이 보이지 않는 물리적 공간으로 나와 그 속에서 사람을 만났다. 그러나 만나는 대상이 다르고 환경이 다를 뿐 사람들 사이의 섬은 여전했다. 무엇에도 합일을 느끼지 못했으며, 다소 활기는 있으나 마음속 우울은 가시지 않았다.

여전히 스스로 이런 문제를 해결해 보려는 의지는 있어서, 물리적인 공간 속에서 찾던 것을 멈추고 내면으로 들어가게 되었다. 그렇게 시도한 것이 글쓰기였다. 글을 쓰면 삶을 좀더 면밀하게 들여다볼 수 있었다. 삶을 이야기한 책들을 읽고 습작을 하면서 내가 마주한 현실의 것들을 글로 써 봤다. 글쓰기에 몰두할 때는 자기를 잊어서 시간이 어떻게 지나가는지 몰랐다.

그러나 그런 시간에서 빠져나오면 여전히 내가 있고 세상 모든 것이 따로 있었다. 만족과 충만을 얻기 위해 쓴 글들에서 허망함을 보았다. 내가 글로 표현한 모든 것은 마주한 현실에 관한 생각이거나 상상이거나 느낌일 뿐, 진짜 현실도, 진실도 아니라는 것이 느껴졌다. 모두 다 내가 꾼 꿈 같았다. 이런 방식으로는 마음속 섬의 정체를 알 수 없었고 그 섬 간의 간격이 사라질 것 같지도 않았다. 희망이 사라졌다. 길이 보이지 않았다. 그렇게 일 년여 헤매다가 만난 것이 마음공부였다.

사람은 살아가면서 크고 작은 불만족과 불안을 느낀다. 무언가에 의지하지 않으면 쓸쓸하고 외롭다. 내가 있고 나 아닌 일이 있기 때문이다. 그렇게 나와 다른 것들 사이에 틈새를 줄이며 외로움과 존재의 불안을 없애려 한다.

둘이 만나 하나가 되는 일은 없다. 둘은 평행선처럼 영원히 둘일 수밖에 없다. 사람들은 이런 불만족과 불안을 이미 알고 있다. 또 자신이 존재한다면 이 존재가 언젠가는 사라지리라는 것도 잘 알고 있다. 홀로 이 세상을 살아가야 하는 삶이 쓸쓸하고 죽음이 두렵다. 그 쓸쓸함을 잊기 위해 잠시 의지할 대상을 찾는다. 사람에 의지하고 물질에 의지하고 앎에 의지하지만, 이 모든 것은 조건적인 만족만 줄 뿐이다.

어렵게 얻은 것들도 시간이 지나면 변한다. 그것에 대한 가치도 변한다. 사람에 대한 감정도 마찬가지다. 언젠가는 변하리라는 것을 알기에 서로에게 집착하기도 하고 자기 생각을 강요하기도 한다. 원하는 일을 만나면 잡으려고 하고, 원치 않는 일을 만나면 피하려고 한다. 자기에게 이로운 것에 의미를 부여하며 추구하고, 해로운 것을 없애려고 한다. 이런 노력은 평생 끝나지 않는다. 그러나 이런 노력은 때때로 조건적인 만족을 주지만, 결국 실패한다.

어떤 것을 이루면 행복할 것 같아도 잠시뿐이다. 자신이 얻은 것보다 더 좋아 보이는 것을 얻었다면, 바로 그보다 더 높고 귀한 것을 추구하게 된다. 이런 식의 추구는 끝이 없고 마음의 피로가 끝나지 않는다. 상대적인 세계에서 만족이란 없다. 마음에서 일어난 분별을 밖에 따로 존재하는 것으로 여기고, 그것을 얻으려고 노력한다. 이것이 괴로움이다. 그럴 때마다 노력이나 능력이 부족해서 뜻대로 안 된다고 여긴다. 그래서 더욱더 노력하여 상황을 통제하려고 안간힘을 쓴다. 부단히 애를 쓰지만 끝내 만족은 없고 쉬지도 못한다.

노력과 능력의 부족 때문에 불만족이 생기는 것이 아니기 때문이다. 밖의 원인 때문에 괴로움과 불안이 생기는 것이 아니라, 마음의 분별에 어두워서 헤매고 다니는 것이다. 현실의 정체를 자각하지 못하기 때문에 만족스럽지 않은 것이다. 모든 모습은 밖에 따로 있지 않고, 자기 마음에서 일어나는 분별상이다. 실재하는 것도 아니고 영원한 것도 아니다. 그런데 우리는 이런 것들이 따로 존재한다고 굳게 믿는다.

모든 것은 자기 마음에서 일어난 분별의식이 어우러져 이루어진 모습이다. 이 진실을 자각하지 못하면 모양 따라 모든 것이 따로 있다고 여겨 자기 마음의 현상에 속는다. 모든 것은 텅 빈 마음의 표현이지 실재(實在)가 아니다. 분별된 모습에 사로잡히면 마음을 쉴 수가 없다. 변화하는 모습에 끌려다녀 스스로 피곤하다. 본래 모든 것이 텅 빈 마음의 환상과 같은 것이어서 머물러 있는 것이 없는데 실체 없는 생각, 감정, 감각에 사로잡혀 갇힌다. 이것이 구속이다.

그러므로 본래 구속은 없다. 모든 것은 그 모양 그대로 텅 비었다. 본래 자유다. 그런데 이런 사실에 어두우면 무상한 모양의 변화에 사로잡혀 고통받는다. 삶이 덧없어서 어디에 마음을 붙여야 할지 모른다. 진실에 밝지 않으면 죽은 삶이다.

자기의 삶이 몸에 맞지 않는 옷을 입은 것처럼 어색하거나 괴롭다고 느낄 때가 있다. 이런 마음의 불편함을 해소하기 위해 방황도 하고 이것저것 추구해 보지만, 오래지 않아 그것의 한계를 느낀다. 여러 노력을 통해 얻은 것들은 변할 것이고, 원치 않는 방향으로 흘러갈 것이다.

이런 마음의 부조화가 극에 달하면 무상한 것이 아닌 항상한 것, 완전한 행복을 가져다줄 무언가를 찾게 된다. 처음에는 안정적인 마음 상태를 유지해 주는 수행을 선택할 수도 있고, 이치에 들어맞는 앎을 추구할 수도 있다. 진실을 찾는 여정이 다양하게 시작되지만, 결국 있는 그대로의 본성을 깨닫는 것만이 궁극적인 길이라는 확신을 하게 된다.

어느 신심 깊은 70대 보살님이 찾아와서 살아온 얘기를 하셨다. 처음 절에 다니기 시작한 것은 첫 아이가 태어난 지 얼마 되지 않아 몸이 아팠을 때였다. 병원을 여기저기 다녀 봐도 희망이 보이지 않았다. 그래서 지푸라기라도 잡고 싶어서 절을 찾게 되었다. 부처님 앞에 아이가 건강하게 자랄 수 있도록 도와달라고 간절히 기도 하였다. 아이는 오래지 않아 건강을 회복했다. 부처님의 은혜를 잊을 수 없어 절에 다니기 시작했다. 첫 아이 밑으로 자식들이 태어나고 가정형편이 어려워지면서, 절에 가서 건강과 복을 달라고 부처님 앞에 기도드렸다. 역시 부처님은 그 모든 요구를 들어주셨다. 아이들도 잘 자라고 가정도 그럭저럭 살 만했다. 그게 모두 부처님의 은혜라고 생각했다.

그런데 아이들이 성장하여 결혼하고 집안 살림도 그만하면 됐다 싶으니, 부처님이 은은한 미소를 머금고 불단에 앉아 계신 모습이 눈에 들어왔다. 저분은 무엇을 보았기에 저런 미소를 지을까? 부처님이 깨달은 것이 무엇인지 궁금했다. 이렇게 마음공부 길에 들어서게 되었다. 그동안의 추구가 결코 완전한 행복을 주지 않는다는 것도 알았다. 조건적이지 않은 행복, 궁극적인 것을 깨닫고 싶은 마음이 나이 칠십이 되어서 생겨났다.

60대에 접어든 한 분은 죽음이 몹시도 두려웠다. 결혼하고 아이를 낳은 지 얼마 안 되어 친정어머니가 위암 선고를 받았다. 50대 후반의 어머니는 위암 선고를 받고 속절없이 세상을 떠났다. 너무 충격적이어서 상여가 나갈 때 그것을 붙잡고 얼마나 울었는지 모른다. 멀쩡하게 살아 계셨던 어머니가 갑작스럽게 돌아가신 후 20대 후반의 그녀는 죽음의 공포에 시달렸다. 자신도 엄마를 닮아 위암에 걸려 죽을 것 같은 두려움에 계속 병원에 다녔고, 그럴 때마다 아무 이상이 없다는 결과를 받았다. 그래도 마음이 놓이지 않아 그때부터 절에 다니기 시작했다. 절에 가서 부처님께 항상 "건강하게 해 주세요."라고 빌었고, 조금이라도 몸이 불편하면 "낫게 해 주세요."라고 했다. 그렇게 절과 인연을 맺으면서 스님들의 법문을 듣게 되었고, 법문 중에 '죽지 않는 길이 있다.'는 말씀을 듣고 마음공부 길에 들어서게 되었다.

어떤 분은 도(道)에 남다른 기대가 있었다. 도를 닦는다는 것은 특별한 능력을 얻는 것이고, 다른 사람의 마음을 읽거나 전혀 마음의 미동 없이 일을 처리하는 능력을 얻는 길이라고 여겼다. 가끔 기(氣) 수련을 했지만 결혼하고 직장생활 하다가 회사를 창업하고 일에 몰두하면서 도에 관한 관심이 멀어졌다. 부인을 따라 성당에 다녔지만, 마음을 내어 참여하지는 못했다. 그곳에서 요구하는 여러 형식적인 것들이 거슬렸고, 특히 고해 성사를 해야 할 때는 참으로 난감했다. 누군가에게 자신의 마음을 솔직히 털어놓는 일이 어려웠다. 그 대상이 신도 아니고 자신과 별반 다를 바 없는 사람이라는 점 때문에 마음이 열리지 않았다. 그런 시간을 보내다 집안에 큰 우환이 생기면서 불교 경전을 접하게 되었다. 어느 스님이 건네준 해안 스님의 《금강반야바라밀경》은 도에 관한 그의 무지를 깨우쳐 주었다. 그렇게 《금강경》과 인연이 맺어지면서 마음공부 길에 들어섰다.

사람들이 마음공부 길에 들어서는 사정은 다 다를 수 있다. 하지만 큰 전제는 다르지 않다. 지금의 삶이 만족스럽지 않다는 것이다. 처음에는 바깥 세계에서 불만족을 채우려 하지만, 그것의 한계와 무상(無常)함을 느낀다. 그래서 무상한 대상이 아닌 영원한 것을 찾아 떠나게 된다. 무상함에서 벗어나는 길, 조건적이지 않은 것을 깨닫기 위한 길을 모색한다.

나 또한 진리를 깨닫는 길에 들어선 계기가 이분들과 크게 다르지 않았다. 근본적인 외로움과 존재의 불안, 삶의 무상함, 몸에 맞지 않은 옷을 입고 연기하는 듯한 삶의 허울이 진실한 것을 찾게 했다. 불안과 불만족을 벗어나 조건적이지 않은, 편안하고 안락한 삶을 살고 싶었다.

문학을 통해 이 문제를 해결하고 싶었으나 그것은 실제가 아니었다. 문자로는 날것의 삶에 도달할 수 없다는 결론을 얻었다. 최선의 노력 끝에 어느 정도 결실을 얻었으나 만족스럽지 않았다. 노력이 부족하여 원하는 것을 얻지 못했다는 에고의 변명은 통하지 않았다. 이제 노력해서 무언가를 얻는 방식의 삶은 나를 구원해 줄 수 없다는 것을 알았다. 지난 삶의 방식에 더는 미련이 남지 않았다.

그런데 어떻게 남은 인생을 살아야 할지 막막했다. 열심히 달려온 길이 사라져 버린 느낌이었다. 결국 모양 세계 속에서 찾는 것에 한계를 느낄 때 마음공부를 만나게 되었다. 선(禪)이 무엇인지 대략적인 가르침을 듣고 나니 이 길이 그동안 내가 찾던 길이라는 확신이 들었다. 조건적인 만족이나 행복이 아닌, 모든 조건을 벗어나 흔들리지 않은 안정과 자유를 얻는 길은 근원에 통하는 길밖에 없었다.

어느 날 문득, 곁가지를 제거하거나 쌓아 올리는 방식이 아닌 본질적인 접근만이 모든 문제에서 벗어날 수 있다는 발심의 순간이 온다. 이렇게 되기까지 수많은 시행착오를 경험할 것이고, 깊은 좌절과 나락에 빠질 수도 있다. 그동안 자신이 추구하던 모든 것의 한계를 절실히 느끼기도 한다. 현상적인 것들의 무상함을 뼈저리게 느꼈을 때, 우리는 그것들을 돌아보지 않고 무상한 모양을 넘어선 세계로 뛰어들게 된다.

"비구들이여! 너희도 '내가 저세상에 가서 태어나는 것은 지금의 이 의식과 다른 것이 아니다.'라고 설법한다고 아느냐?"
"아닙니다. 세존이시여!"
"너희들은 내가 어떻게 설법한다고 아느냐?"
"저희는 세존께서 의식은 인연을 원인으로 하여 일어난다고 설법하신 줄 압니다. 세존께서는 끝없는 방편으로 '의식은 인연을 원인으로 하여 일어난다. 의식은 인연이 있으면 생기고, 인연이 없으면 사라진다.'고 말씀하셨습니다. 저희는 세존께서 이렇게 말씀하신 줄로 압니다."

_중아함경

이러쿵저러쿵 얘기할 수 있는 것은 의식(意識)일 뿐이다. 현재 혹은 과거와 미래, 혹은 죽고 난 뒤의 세계도 마찬가지다. 지금 이 마음에서 일어난 분별의식에 사로잡히면 과거, 현재, 미래와 사후 세계가 따로 있다. 그러나 그것은 의식이지 실제가 아니다. 오직 변함없는 사실은 지금 이런저런 의식이 일어나고 있는 이 마음이다. 이 마음은 어떤 의식도 아니고, 상태도 아니고, 시공간도 아니며, 알 수도 없고, 볼 수도 없다. 하지만 여기에서 모든 의식이 나오고 있는 것은 분명하다. 분별할 수 없는 자리에서 분별이 시시각각 일어나고 있다.

사후세계라는 것도 지금 하는 상상의 세계다. 그 세계는 바로 지금 여기에서 일어나는 의식이지, 따로 경험할 수 있는 세계가 아니다. 이 세상이 영원한지, 죽으면 어느 세계로 가는지가 모두 지금 일어나는 의식이자 망상이다. 그런데 실재하지도 않는 망상 때문에 지금의 삶이 괴롭다. 불교는 우리가 어디로 가고 오는지를 아는 길이 아니라, 내가 있다/없다, 세계가 있다/없다, 시간과 공간 속을 지나간다/지나온다는 망상에서 깨어나는 길이다.

사라지지 않고 나지도 않고
끊어지지도 않고 항상하지도 않고

막히지도 않고 거리끼지도 않는
이것을 열반이라고 말한다.
_문수반야경

붓다는 현실의 괴로움에서 벗어나기 위해 깨달음의 길을 갔다. 삶에서 조건 없는 자유, 조건 없는 만족을 위한 공부를 했다. 조건을 떠난 것을 성취하려면 조건을 떠난 곳에 깨어나야 한다. 지금, 이 순간의 삶 속에서 시간에 따라 변하지 않고, 장소에 상관없이 두루하며, 태어나고 사라짐이 없으면서, 항상하지도 않고 끊어지지도 않은 곳에 해탈의 길이 있다. 깨달음은 왔다 갔다 하지 않는 안락과 조건적이지 않은 자유를 향한 길이다. 그러려면 고정관념 없이 있는 그대로 볼 수 있어야 한다. 괴로움을 느끼는 내가 따로 있는지, 괴로움이 따로 있는지, 괴로움을 주는 대상이 따로 있는지 근본부터 살펴보아야 한다.

원래 모든 것은 본래마음에서 일어난 무상한 것들이다. 마음의 갈등은 모두 마음에서 일어난 허깨비 같은 것들 사이의 일이다. 내가 되었든 세계가 되었든 모든 분별되는 것은 바로 지금 이 텅 빈 마음의 반영이다. 우리는 이 사실에 어둡다. 자기 마음에서 투사된 것을 따로 있다고 믿고 사로잡혀 실재로 여긴다. 이 갈등이 남아 있는 한, 우리는 행복할 수 없다. 이 허상들의 투쟁이 끝나는 것이 무쟁삼매(無諍三昧)다. 있는 그대로의 참모습이 드러나면 내면의 전쟁은 끝이 난다. 갈등에서 완전히 벗어나는 해탈의 길은 우리가 마주한 세계를 있는 그대로 깨달을 때 가능하다.

지금 일어나고 있는 모든 일이 바로 지금 이 텅 빈 마음의 일이고 이 문제들을 상대하는 자신조차 바로 지금 이 마음에서 일어난 분별의식이라는 것을 깨달으면, 마음을 조작하며 낱낱의 문제를 해결하는 데 노심초사하지 않게 된다. 그 문제가 잘 해결되든 그러지 않든 본질에서 달라진 것이 없다는 지혜가 열려 마음이 고요하다. 열린 마음으로 마주한 문제를 풀어 나갈 수 있다. 이런 갈등과 번뇌가 끝나는 것, 그리고 우리가 사는 이 세계의 본래 모습이 드러나는 여정이 마음공부의 길이다.

> 여래의 자재하신 신통력으로 모든 경계가 다 그 속에서 나오고, 일체중생이 거처하는 집들도 다 그 속에서 영상처럼 나타나며, 모든 부처님의 신력으로 일념(一念) 사이에 온 법계를 다 둘러쌌다.
> _화엄경, 세주묘엄품

마음에서 일어난 한 생각이 온 세상을 창조한다는 사실을 명백히 깨닫게 되면, 나와 세상이 따로 있다는 분별심은 부수어지고 본래열반에 들게 된다. 여기에는 모든 차별 그대로가 하나여서 투쟁이 없다. 괴로움이 끝나는 것이다. 붓다 이래 중국 당나라에서 조사선이 출현하기까지 해탈성불의 근본은 마음이라는 데 이견이 없었다. 본래마음인 본성에 도달하지 못하고 모든 것이 예외 없이 '알 수 없는' 마음이라는 사실을 깨닫지 못하면, 어떤 방편으로 공부하든 진실이 밝아진 것이 아니다.

핵심은 마음을 깨달아 분별이 사라지고 이 현실이 온전히 본래마음 하나임이 확연하게 드러나는 것이다. 둘이 없어야 번뇌가 사라지고, 있는 그대로의 실상을 보는 지혜가 열린다. 대상을 낱낱이 제거하는 것은 마치 꿈속에서 실체 없는 꿈의 내용을 제거하려는 어리석음과 같다. 분별심이 사라지면 하나인 마음은 저절로 드러난다. 닦음을 거치지 않고 문득 깨어날 수 있는 길이 있다. 그 길은 멀리 있지 않다. 언제 어디서나 모든 것의 본성은 변함없기 때문이다.

2
과거, 현재, 미래가 지금 여기에서 펼쳐지고 있다

어릴 때 고향 마을에 하나뿐인 교회에 언니를 따라갔다. 예배에 참석한 신자들은 십자가에 매달린 예수님 상을 보면서 기도했다. 기도가 끝나면 목사님의 설교를 들었는데, 목사님은 예수님의 생애나 성경책에 나온 구절을 말씀하셨다. 그때 들은 내용 중 뇌리에 박힌 말이 '우리 모두 원죄를 지었다.'는 것이다. 납득할 만한 근거를 말하는 대신, 성경에 그렇게 나와 있으니 죄를 지은 것이라고 단정했다. 그 말을 들었을 때 반발심이 생겼다. 딱히 '죄'라고 이름 붙일 만한 일을 저지른 적이 없는데, 사람으로 태어났기 때문에 죄를 지었다는 논리는 납득할 수 없었다. 이후 어머니를 따라 절에도 갔다. 어머니는 가족의 건강과 행복을 위해 화려하게 장식한 불단을 향해 두 손을 모아 빌었다.

그런 모습에서 예수님과 부처님은 사람들에게 복과 건강, 행복을 주는 신적인 존재로 느껴졌다. 복과 건강, 행복은 사람들이 마음속에서 원하는 것들이다. 마음속 바람이고 상상이며 추구다. 신적인 존재라면 인간을 넘어선 세계에서 인간의 모든 면을 창조하고 조망하는 존재로 여겨졌다. 따라서 그들의 세계는 사람들이 바라보는 세계, 사람들의 관점이나 가치관과는 사뭇 다른 차원이어야 할 것 같았다. 그런데 그들은 사람의 의식구조와 똑같은 위치에서 행복과 불행을 주었다. 그런 면에서 두 존재는 인간의 생각이 만들어 낸 존재라는 느낌이 들었다. 그들의 권능은 사람들이 원하는 돈과 재물, 건강과 행복을 내려주는 것이었다. 그들의 능력이 평범한 인간의 관심사를 해결해 주는 것이어서 사람과 권능의 차이가 있을 뿐 우리의 의식세계와 다르지 않았다. 그래서 종교라는 것이 표면적으로는 인간세계 밖의 신성한 영역처럼 보였지만, 실질적으로는 사람의 욕망을 채워 주는 공간 같았다.

그래서 좀더 상식적이고 합리적이며 현실적인 분야로 관심이 갔다. 종교보다는 철학, 철학보다는 문학에 더 매력을 느꼈다. 철학도 관심의 대상이었으나 너무 사변적이어서 피부에 와닿지 않았다. 철학에서 말하는 진리는 이생에 내가 알 수 없는 영역의 일처럼 아득했다. 그래서 문학에서 길을 찾았다. 문학은 현실의 삶을 소재로 다룬다. 관심의 대상이 삶이고 인간이었다. 문학, 특히 소설을 통해 내 삶의 문제를 해결하고 싶었다. 지금 돌아보면 문학도 관념적이고 비현실적이지만, 그 당시 나는 몹시도 진지했고 문학이 아주 현실적이라고 느꼈다.

당시 해결하고 싶었던 문제는 죽음에 대한 두려움과 소외의 불안이었다. 이 목숨이 끊어져 죽는다는 것이 두려웠고, 혼자 있든 누구와 같이 있든 외로웠다. 불안과 두려움이 늘 내 삶을 지배해서 단 하루도 만족을 느끼지 못했다. 나이가 들수록 이 문제는 더욱 예민하게 느껴졌다. 십여 년 틈틈이 소설 창작에 매달려 보았지만 만족스럽지 않았다. 표현에 몰입할 때는 불만족스러운 감정을 잊었지만, 그 결과물을 읽어 보면 손에 잡히는 게 없어 부질없고 허망해 보였다.

당시 내가 생각하는 실재란 생각이나 사유가 아니라, 사물이나 사람의 몸처럼 손에 만져지는 것이었다. 사과나 탁자, 사람의 형상을 실재라고 여기고, 그것을 부르는 이름이나 설명하는 지식, 묘사하는 언어를 관념이자 허상이라고 여겼다. 눈앞의 사과는 실재이고, '사과'라는 이름은 허망한 생각이어서 실재가 아니라고 생각했다. 그래서 그 실재에 가닿지 못해 괴리감과 분리감, 외로움을 느낀다고 생각했다. 나의 목표는 눈앞의 사물에 가닿아 하나가 되는 것이었다.

사과를 있는 그대로 설명하고 알면 사과와 하나가 될 줄 알았다. 지금 돌아보면 어처구니없는 시도였지만 그때는 사뭇 진지했다. 그래서 사과에 관해 되도록 핍진하게 묘사하는 일에 매달렸다. 사실적으로 표현되면 그것이 사실이 될 것 같은 착각에 빠졌다. 어떤 인물을 정밀하게 그리면 그 인물이 살아서 튀어나올지도 모른다는 순진한 상상을 했다. 그러나 기대와 달리 사물을 묘사하고 설명할

수록 절망할 수밖에 없었다. 사과라는 대상을 아무리 정밀하게 묘사해도 결코 그 향과 맛이 나지 않았고 씹히지도 않았다. 처음에는 묘사하고 설명하는 실력이 부족해서 그렇다고 여겼다. 하지만 반복적인 실패를 통해 얻은 결론은, 언어는 결코 진실에 가닿을 수 없다는 것이었다. 언어에는 향도 없고 맛도 없고 감촉도 없었다.

당시 나는 이름과 모습이라는 인연이 화합하여 드러나는 사물에 관해 나도 모르게 의심을 하고 있었던 것 같다. 사과는 '사과'라는 이름과 별개라는 인식을 하고 있었다. 그래서 이름 대신 실재인 사과라는 물건에 가닿으려고 했다. 그마저도 감각적인 인연이 어우러져 드러나는 모습인데, 그 감각적인 인연화합을 실재라고 인정하고 그 실재인 사과에 가닿아 하나가 되려고 애쓰고 있었다. 이런 시도는 다른 모든 존재에게도 해당했다. 마음에 두고 있는 어떤 사람의 적나라한 실재에 가닿고 싶고, 알고 싶고, 설명하고 싶었다. 아마 분리감이나 외로움이 나를 지배하고 있었기 때문에, 그 대상과 내가 하나 되면 틈이 사라지고 외로움도 사라지지 않을까 기대했던 것 같다. 그러나 나의 시도는 번번이 실패로 돌아갔다.

사과는 사과라는 이름도 아니고, 사과라는 모습도 아니었다. 사과는 본래 없었다. 내가 경험하는 사과는 사유와 감각의식이 어우러져 드러난 조건적인 것이었다. 아무리 사과의 모습을 묘사해도 사과는 없고, 사과의 모습을 정밀하게 들여다보면, 사과라는 물건이 있는 것이 아니라 시각, 미각, 촉각, 청각 등 여러 가지 감각의

식의 조합일 뿐이었다. 그러니 사과를 묘사해서 사과에 닿을 수는 더욱 없었고, 사과라는 물건 역시 텅 비었는데 그 사실을 몰랐다. 나의 시도는 끝내 실패할 수밖에 없었다.

어느 순간 생각과 언어로는 사과라는 물건에 가닿을 수 없다는 결론에 이르고, 언어를 통해 실재에 가닿으려는 노력을 멈추게 되었다. 실재에 이르고 싶은 마음은 컸지만, 말과 글로는 거기에 이를 길이 없었다. 문학에 대한 희망이 사라졌다.

방황하던 그때 선(禪)을 만나게 되었다. 지금으로부터 19년 전의 일이다. 2003년 4월, 무심선원 김태완 선생님을 직접 만나 대화를 나눌 수 있게 되었다. 1년 전에도 선생님을 만날 기회가 있었으나 그때는 인사차 만난 것이지 마음공부에 별다른 뜻이 없었다. 선생님을 다시 만난 날에 내가 느꼈던 문제들을 모두 수첩에 적어 갔다. 의식이 무엇인지, 타인이 없다는 것이 무엇인지, 깨쳐도 에고가 남는지, 창조주는 왜 우리에게 에고를 주었는지, 죽음과 불안 등등 그동안 궁금했던 내용을 모으니 15가지로 정리되었다.

마침 선원을 방문한 시간에 법회가 있었다. 법문을 듣고 나서 선생님과 대화를 나누게 되었다. 1시간 정도 법문을 들으니, 선생님께 묻고 싶은 질문들이 하나로 모아지는 기분이 들었다. 모든 것이 자기 마음의 일이고, 지금 이 순간 이 마음을 떠난 일은 아무것도 없다는 말씀에 크게 공감했다. 이 하나만 깨치면 될 것 같은 마음이 들었다. 그런데 '이것'은 알음알이가 아니라고 하시면서 "이것입니다." 하며 검지를 자주 들어 보이셨다. 법문이 신선하기도 하고 손에 잡힐 듯하여 비로소 제대로 만난 느낌이 들었다.

법회가 끝나고 1시간여 동안 선생님과 대화를 나눴다. 정말 마음밖에 없는지, 마음이 무엇인지, 어떻게 하면 마음을 깨달을 수 있는지, 밖으로 구하는 것이 아니라는 말씀이 무슨 뜻인지 물었다. 죽음, 불안, 소외 등 내 마음의 불만족으로 생긴 인간의 문제에 관해 물으려던 의문은 사라지고, 오직 마음, 즉 눈앞의 진리에 관해 물을 수밖에 없었다. 죽음이든 불안이든 삶이든 모두 지금 이 순간 일어난 분별의식이라는 말씀에 크게 공감했다.

그렇게 대화를 나누고 돌아오는데 마음이 몹시도 답답했다. 그동안 100% 의식으로 세상을 바라보았음을 알았고, 행해 오던 모든 것이 의식놀음이었다는 것을 이해하게 되었다. 깨닫고 나면 모든 것이 달라진다는 말씀, 기존의 모든 것을 덜어 내야 깨달을 수 있다는 말씀에 마음이 답답했다. 내가 살아오면서 갈고 닦아 온 모든 재주가 이 공부 길에서는 무용지물이었다.

지하철을 타고 집으로 돌아오는 마음이 선원으로 갈 때와 사뭇 달랐다. 선원으로 갈 때도 여전히 봄기운을 전하는 바람이 불어왔고, 비 온 뒤라 물 자국이 선명한 보도블록이 보였고, 지하철 객실 안에 아주머니들의 잔잔한 수다가 있었다. 돌아가는 길에도 이런 풍경은 크게 달라지지 않았지만, 답답한 마음이 차올라 세상이 다르게 느껴졌다. 갈 때는 무언가 해법을 찾을 수 있을 것이라는 기대감에 마음이 부풀어 올랐다면, 돌아올 때는 그동안 살아오면서 열심히 노력하여 얻은 모든 것을 버려야 할 것 같은 서글픈 마음도 들었다. 깨달아야겠다는 마음은 강했으나 두 손과 두 발이 다 결박당한 기분이었다. 그때부터 '이것'에 대한 궁금증에 빠져들어 가기 시작했다. 나도 모르게 누군가를 짝사랑하는 심정으로 '이것'을 보려고 몰두하게 되었다.

'과거, 현재, 미래. 삼세가 지금 여기에서 펼쳐지고 있다.'라는 설법 중의 말씀이 확 다가왔다. 과거도 존재하는 것이 아니고 미래도 존재하는 게 아니며, 지금 생각할 때 과거, 현재, 미래가 펼쳐진다는 시간에 대한 설명, 진짜라면 누구한테나 주어져 있어야 하고 어디에나 있어야 해서 굳이 우리가 찾아 나설 필요가 없다는 말씀, 그래서 바로 지금 여기에서 자각할 수 있다는 말씀, 바로 지금 '이것'인데 자신이 일어나는 생각에 끌려가 사로잡히기 때문에 이 당체(當體)를 맛보지 못하고 있다는 말씀, 이 짤막함, 간결함, 명쾌함이 너무나도 와닿았다.

처음에는 법문 듣는 것이 마냥 즐거웠다. '맞아, 맞아, 맞아.' '그게 진정한 것이라면 어딘가로 찾아 나서거나 특별한 수행을 하거나 많이 배워서 얻어지는 게 아니야. 진리라면 공부를 하든 안 하든, 여자든 남자든 항상 지금 여기에 있어야지. 그래, 맞아, 맞아, 맞아.' 공감하는 즐거움이 컸고 진리가 이렇듯 가까이 있다는 것이 너무도 좋았다. 그래서 바로 지금 여기의 일이라면 금방 통할 것 같았다. 처음에는 법문을 듣는 즐거움에 빠져 있었다. 법문이 시원하고 통쾌했다. 이전에 느껴 보지 못한 신선함이 있었다. 스스로 '진정한 부처님의 가르침이라면 이래야 해.', '이것만이 유일하게 공부할 가치가 있고, 궁극은 이래야 해.'라는 생각이 들며 환희심이 차올랐다. 그동안 찾아 헤맸는데 이제야 비로소 '바른 법을 만났구나.' 하는 즐거움이 있었다.

법문을 들으면서 고정관념이 많이 떨어져 나갔다. 그동안 영성이나 불교에 큰 관심이 없었고, 몸 수련이나 마음수행을 경험해 본 적도 없었다. 평범한 사람들과 크게 다를 것 없는 상식선에서 살아왔다. 내가 사는 이 세계는 객관적으로 존재하며, 시공간의 세계에서 어느 시점에 내가 태어나 일정 기간 정해진 공간에서 살아오고 있다고 굳게 믿었다.

그런데 법문을 들을수록 내가 알고 있는 상식이 틀렸다는 것을 알게 되었다. 법문은 내가 가지고 있는 세계관이나 고정관념을 깨뜨렸다. 지금 경험하는 현상은 객관적인 세계가 아니라, 지금 이 순간 분별의식이 일어나서 드러나는 세계라는 것이다. 그래서 분별이 없으면 아무것도 존재할 수 없다는 말씀이 놀랍기도 하고 받아들이기도 어려웠다. 모든 분별은 바로 지금 이 마음에서 일어나고 있고, 이것은 이해를 넘어 마음자리를 체험해야 실질적으로 알게 된다고도 하셨다.

법문을 들으면 들을수록 공감이 갔고, 나도 직접 체험을 통해 진실을 맛보고 싶었다. 어느 순간부터 나도 모르게 체험을 기다리게 되었다. 그런 일이 과연 일어날 수 있을지 의문이 들기도 했지만, 그 소식이 오지 않으면 공부는 시작하지도 못한 것이라는 말씀에 오매불망 체험을 기다리지 않을 수 없었다. 본성 체험이 언제 올지 몰라, 체험한 사람들의 경험을 들으며 상상은 해 봤지만, 그것은 상상일 뿐 실제 체험이 아니라서 답답함과 갈증만 더했다. 그렇게 나도 모르게 공부에 몰입하게 되었다.

　틈만 나면 선원에 갔고, 일상생활은 하되 마음은 여기에 있었다. '도대체 이게 뭘까?' 하는 궁금증으로 법문을 들은 지 3개월쯤 지났을 때였다. 법문을 틀어놓고 잠을 자고 있었는데 비몽사몽간에 몸에서 이상한 진동이 일어났다. 갑자기 몸에서 기운이 소용돌이치는 것이었다. 처음에는 가슴을 휘돌며 소용돌이치던 기운이 온몸을 돌면서 소용돌이치며 진동을 일으켰다. 얼마 동안 그러다가 이 기운이 발바닥의 용천으로 빠져나갔다. 마치 아톰 만화에서 하늘을 날아가는 아톰이 발바닥에서 에너지를 뿜어내는 것처럼 발바닥에서 에너지가 뿜어져 나오는 듯했다. '아! 이게 체험이구나.' '이거구나!' 했다.

　다음 날 선생님을 찾아뵙고 이 체험을 말씀드렸더니, 선생님은 다른 말씀은 안 하시고 '지금도 그러하냐?'라고 물으셨다. "지금은 그렇지 않습니다."라고 말씀드렸다. 기운이 빠져나가 없어졌으니 그 체험이 남아 있지 않았다. '그것은 공부 과정 중에 일어날 수 있는 경계 변화 중 하나이니 마음에 두지 말라.'고 하셨다. 선생님을 믿고 공부를 해 왔기 때문에 내려놓을 수 있었다. 지금까지 한 번도 경험해 보지 않은 체험이었고, 이런 세계가 있는 줄 몰랐다. 몹시도 특별하게 여겨졌는데 이것은 경계 체험이지 진짜 체험이 아니라는 말씀에 다소 실망스럽기도 했다. 그러나 선생님을 전적으로 믿고 공부를 시작했기에 그 말씀을 따르지 않을 수 없었다.

스스로 새롭게 경험된 것이라면 없다가 생긴 것이어서 진실하지 않다는 것은 알 수 있었다. 그러나 여전히 미련도 남아서 가끔 그 체험을 상기하면 몸에서 진동이 느껴졌다. 하지만 시간이 지날수록 그런 상태는 희미해졌고, 언제인가부터는 진동이나 에너지가 느껴지지 않았다. 만약 그때 스승님이 그렇게 점검해 주지 않았다면 한동안 이 강렬한 체험에 사로잡혀 벗어나지 못했을 것이다.

공부를 하다 보면 다양한 변화가 일어난다. 대부분 처음 경험해 보는 신기한 것들이어서 그것을 귀하게 여겨 집착하게 되고 그것이 공부라고 착각할 수 있다. 예전에 없던 것은 새로 생겨난 것이고, 새로 생겨난 것은 무상해서 언젠가는 사라질 것이다. 본래마음은 늘 변함없어서 마음공부를 시작하기 전과 후, 그 과정 가운데도 똑같다. 만약 새로운 것을 경험했다면 이것은 시작이 있는 것이다.

선생님은 늘 이런 취지의 말씀을 하셨기에 금방 내려놓을 수 있었다. 그 후에도 새로운 경계가 나타나면 거기에 현혹되는 일이 적었고, 스스로 미련이 남아 선생님께 물어보더라도 언제나 돌아오는 말씀은 똑같았다. '지금도 그러하냐?' 한 번도 가 본 적이 없는 미지의 길에 먼저 가 본 분의 안내가 없었다면 수많은 혼란과 방황을 겪었을 것이다. 아마 이런 깨어남의 길을 떠날 엄두조차 내지 못했을 것이다. 그동안 살아오면서 무상하지 않은 것, 즉 진실에 대한 열망이 스승님을 알아보게 했고, 그분에 의지해 공부 길을 갈 수 있었다. 이 인연이 소중하게 느껴져 놓치면 안 된다는 마음이 있었다. 선생님을 만날 때까지 《반야심경》이나 《금강경》 같은 불교의 기본 경전조차 읽어 본 적이 없었다. 그런데도 선생님을 처음 뵙고 이분은 무언가를 아는 분이라는 확신이 들었다. 그래서 공부의 갈림길에서 나의 생각과 그분의 안내가 배치될 때면 내 생각을 버리고 선생님의 안내를 따랐다.

체험이 왔다면 '지금도 그러하냐? 언제나 그러한가?'가 중요하다. 과거의 기억이나 미래의 일이 아니라 지금도 변함없는 일인지, 똑같이 자각되는 일인지가 자기 공부를 점검해 볼 수 있는 중요한 열쇠다. 그런데 다소 헷갈리는 지점은, 어떤 경계 체험을 했을 때, 조금만 마음을 조작하면 그와 비슷한 상태가 유지되는 경우다. 순간적으로 의식을 추스르면 지금도 이전에 경험했던 상태가 된다거나 똑같은 것이 보이는 상태가 유지될 수 있다.

그런데 진정한 체험은 노력이 들어가지 않고, 조작이 들어가지 않는다. 너무도 자연스러워서 의도를 가지고 챙기지 않아도 변함없는 것이다. 너무도 당연해서 이것을 위해 남의 도움은 물론 내 힘도 들어갈 필요가 없다. 만약 조금이라도 의도나 노력이 들어간 상태라면 그것은 무상한 현상일 뿐이다. 조금이라도 조건적이라면 본성이 드러난 것이 아니라 환상과 같은 경계를 본 것이다. 만약 이 착각을 지적해 주는 사람이 곁에 없다면, 사람에 따라 이런 조건적인 경험을 일 년 혹은 몇 년간 가지고 갈 수 있다. 진정한 체험이 아니라면 언젠가는 사라질 것이다. 본성은 아무 노력을 하지 않아도 사라지지 않는다. 이것은 본래 있는 것이므로 전혀 달라지지 않는다. 진짜 체험이냐 경계 체험이냐를 가늠할 수 있는 것이 '지금 아무 조작 없이도 그러하냐.'다.

진정한 마음은 내가 의식을 하든 하지 않든, 어떤 일이 벌어지든 그러지 않든, 변함이 없다. 제대로 통했다면 '지금도 그러하냐?'라는 말을 묻기도 전에 이미 당연할 것이고, 묻고 있을 때나 물음이 끝난 뒤에도 변함없을 것이다. 변함없는 본래마음이 드러나는 것이 진정한 체험이다. 그래서 법문을 들은 지 3개월 정도 지났을 때 일어난 체험은 진정한 체험이 아니었다.

의식은 변화무쌍하고 다양하게 변신한다. 본래마음이 드러나는 것을 가로막는다. 분별하는 마음, 즉 의식은 환상과 같아서 시시때때로 다양하게 변신하여, 본성을 자각하고 본성이 완전히 밝혀지는 데 장애가 된다. 본래마음은 분별이 없는데, '분별하는 마음'이 분별 없는 마음을 규정하고 합리화하며 공부가 나아갈 길을 제시하기도 한다. 이것은 소음의 형태로 나타나 우리를 혼란스럽게 한다. '공부란 이런 것이다.', '공부하는 사람은 이래야 한다.', '공부를 게으르게 해서는 안 된다.' 등등 마음공부 과정에 보고 듣고 익힌 것을 가지고 이러쿵저러쿵 조언하며 소음을 일으킨다.

그러나 본래마음은 아무 말이 없다. 어떤 소리도 내용도 없다. 마음의 소음이 끊어져 고요하다. 조금이라도 본래마음에 대한 규정이나 이해가 있다면, 이것은 분별 없는 본래마음이 아니라 분별하는 마음이다. 공부 과정 중에 주의 깊게 봐야 하는 것은 공부에 대한 이런저런 생각이 아닌 그 생각의 본성이다. 마음에 대한 자기 생각이나 감정, 판단을 믿지 않고 돌아보지 않을 수 있어야 한다.

마음공부를 하면서 다양한 경계를 체험할 수 있다. 고정관념이 무너지고 틀이 무력해지면서 이전과 다른 방식으로 경계가 드러나기도 한다. 세상이 아주 투명하고 깨끗해 보이기도 하고, 몸에서 평소에 느끼지 못한 에너지가 소용돌이치기도 하고, 아주 고요한 상태를 문득문득 경험하기도 한다. 몸과 마음이 순간적으로 사라진 것 같아 당황스럽기도 하고 신비하기도 하다. 이런 경험을 통해 그동안 내가 알아 왔던 세계가 객관적으로 항상하지 않다는 인식의 전환이 일어난다. 마음의 분별이 세상을 창조한다는 사실을 경험적으로 느끼게 된다. 또한 비일상적인 모습으로 경계가 드러나는 것을 보면서 분별의식 자체가 무상하다는 것도 느끼게 된다.

살아오면서 이런 역동적인 의식의 변화를 체험해 본 적이 없어서 놀라기도 한다. 경전에서 분별심을 마왕, 마구니라고 표현하는 이유가 이것이다. 견고했던 분별망상심이 힘을 잃으면서 다양한 의식의 변화가 일어나고 특별한 경험을 본성 체험이라고 여겨 사로잡힐 수도 있다. 그런데 바른 안목을 가진 스승의 점검을 통해 허황한 경계에 머물지 않게 되고, 분별을 떠난 마음으로 공부하게 된다.

나는 마음공부를 시작하고 3개월 만에 일어난 기(氣) 체험을 계기로 무상한 대상경계에 마음을 두지 않게 되었다. 그만큼 본성에 더 가까이 다가간 느낌을 받았다. 아득한 세계에 멀리 있다고 여겨졌던 '마음'이 손을 뻗으면 닿을 것 같았다. 어렸을 적에 엄마가 손이 닿지 않는 선반에 간식을 놓아둔 것을 보고, 꺼내 먹고 싶어서 까치발을 하고 힘껏 손을 뻗어 보지만 닿을 것 같은데도 닿지 않아 감질나는 마음이었다. 얇은 실크 장막 같은 것이 벗겨지면 시원할 것 같은 가까움과 답답함이 동시에 느껴졌다. 기 체험이 가져온 묘한 변화였다.

그 이후 다시 3개월 정도 법문을 듣다 보니 예상과 달리 점점 아득해졌다. 모든 말씀이 맞는데 실감이 나지 않았다. '이것'이 실감 나야 하고 진짜 체험이 와야 한다는데, 체험이 없었다. 이 마음이 항상 있는 것이라면 내가 생각을 하거나 하지 않거나 늘 있는 것이고, 생각하기 전에 분명해야 했다. 뭐가 있는 것 같은데 와닿지 않았고, 생각이 없을 때는 뭐가 뭔지 몰랐다. 그때부터 초조해지고 답답해졌다. 나는 불교 지식도 전혀 없었고, 다른 법회에 참석하거나 좌선 명상을 해 본 경험도 없었다. 불교나 다른 영성 공부에 관한 지식과 경험이 전혀 없는 상태였다.

이런 것이 마음공부를 잘 못하는 조건인가 싶어서 선생님께 물으면, 선생님은 그런 지식이나 경험과 전혀 상관없는 것이 본성이라고 말씀하셨다. 말씀에 충분히 수긍했고 오직 선생님을 믿고 법문만 들었다. 당장 눈앞에 돌파구가 있는 것 같고, 있어야 마땅하다는 직감이 있었다. 그러나 딱히 잡히는 게 없어 오리무중이었다. 안개 낀 길을 걷는 듯 앞이 보이지 않았다. 초심자 중의 초심자였지만 왠지 이 기회를 놓치면 영원히 진실을 깨닫지 못할 것 같은 초조함이 있었다. 마음은 이전보다 가라앉았지만, 그만큼 답답함이 차오르고 점점 내가 할 수 없는 일인 것 같은 좌절감이 밀려오기 시작했다.

송나라 때 대혜종고 선사는 무(無) 자 화두를 제시하면서, 학인들한테 '무'라는 이 한 글자에 도둑놈이 있는데 그놈을 잡아야 한다고 했다. '무'라는 글자는 단순하고 간결하며 바로 눈앞에 있다. 여기에서 도둑놈을 잡아야 한다. 그런데 '지금 이 순간 여기에 있다.'라고 하면 이해이지 잡은 것이 아니라고 했다. 그냥 여기에서 버젓이 쓰고 느끼고 말하고 있는데, 확연하지 않은 것이고 실감이 안

나는 것이었다.

시간이 갈수록 깨닫지 못할 것 같은 두려움과 너무도 궁금한 마음, 답답함, 화가 번갈아 가며 일어났다. 집에서 빨래하고, 청소기 돌리고, 바닥 닦고, 설거지하고, 아이를 보살피는 내내 이런 감정이 번갈아 일어났다. 걸레를 주무르면서도 걸레를 주무르는 이것이 궁금했다. 설거지하든, 아이와 놀이터에 나가든 이것이 궁금하기만 했다. 마치 온 털구멍이 모두 물음표 같은 느낌이 들었다. 온몸으로 궁금해지자 중구난방으로 일어나던 생각도 잘 일어나지 않았다. 깨달음에 대한 열망은 깊어지는데 내가 할 수 있는 일이 점점 없어지니 이러지도 못하고 저러지도 못했다. 날이 갈수록 나도 모르게 마음만 간절해졌다.

마음공부를 시작할 때 무엇보다 중요한 것이 발심이다. 붓다의 가르침이 옳다는 확신이 생기면 법을 깨닫겠다는 마음이 강해진다. 발심은 법을 깨닫겠다는 강력한 의지다. 이 의지는 법에 대한 믿음에서 비롯된다. 진실은 조작을 통해 구하는 것이 아니고 얻는 것도 아닌 '바로 지금 이 순간 부족함 없는 이 마음뿐'이라는 자기 확신이 발심을 부추긴다. 밖을 향해 구할 필요도 없고 어떤 상태에 집착할 필요도 없이 있는 그대로, 조작이 모두 쉬어진 본래마음은 누구에게나 완전하게 갖추어져 있다. 자기 존재의 실체이며, 이 세계의 본모습이다. 이것을 깨닫지 못한 삶은 의미가 없으며, 살아도 산 것이 아니라는 마음이 든다.

　내가 누구인지 모르면서 '내가 살아간다', '죽어 간다'고 말할 수 없다. '내가 산다', '삶이 행복하다'는 것은 '나'와 '삶' 그리고 '행복'의 본성이 드러났을 때 할 수 있는 말이다. 그런데 많은 사람은 스스로 그것이 무엇인지 명료하게 깨닫지 못한 채 아무 의심 없이 '내가 있다', '내가 산다', '내가 죽는다'고 말한다. 본바탕이 밝혀지지 않으면 마치 허공의 뜬구름처럼 어디에도 마음을 둘 수 없다. 허망한 삶에서 간절하게 깨어나고 싶을 때 바른 가르침을 만나게 되고, 그 길을 안내하는 스승을 만나 믿고 따르게 된다.

　　믿음은 도의 근원이며 공덕의 어머니,
　　모든 착한 법을 자라게 하고
　　모든 의혹을 소멸하며
　　위 없는 깨달음을 나타내 보이네.

　　정신은 번뇌를 떠나서 마음이 견고하며
　　교만을 소멸하여 공경의 근본이고
　　믿음은 보배창고의 첫 번째 법이니
　　청정한 손이 되어 모든 행을 받아들이네.

　　믿음은 오염과 집착을 쉽게 버리게 하며
　　미묘하고 깊은 법을 믿고 이해하게 하며

믿음은 모든 선을 쉽게 이루고
끝끝내 여래가 머무는 곳에 이르게 하네.
_화엄경, 제2보광법당회

발심을 하였다면 바른 가르침을 펴는 스승을 만나야 한다. 이 길은 마음공부 길이다. 육체를 다루거나 육체의 문제를 해결하는 길이 아니다. 따라서 살아 있는 마음의 착각에서 벗어나는 공부인 만큼 바른 법을 안내하는 살아 있는 사람을 만나는 것이 중요하다. 경전이나 어록도 중요한 안내서가 되지만, 살아 있는 선지식(善知識)이라야 자기가 앓고 있는 병에 맞게 처방을 내려줄 수 있다. 사람마다 걸려 있는 장애와 공부의 깊이에 따라 다른 처방이 내려질 수 있다. 물론, 전체적으로 마음의 분별을 깨닫고 집착심에서 깨어나는 여정이지만, 공부의 깊이에 따라 제시되는 방편이 다를 수 있다. 그러므로 자신의 공부를 제대로 보고 적절히 안내해 줄 수 있는 살아 있는 선지식을 만나야 한다. 사람에 따라 분별집착하는 대상이 다양하니, 각자의 처지에 맞게 적절한 안내를 받으면서 스스로 깨어나는 공부를 해 나가야 한다. 선지식의 안내를 믿고 실천할 때 번뇌에서 실질적으로 해탈할 수 있다.

"어떻게 마음을 써야 모습 없는 삼매에 부합하겠습니까?"
"그대가 마음이라는 진리를 배우는 것은 마치 씨앗을 뿌리는 것과 같고, 내가 진리의 요점을 말해 주는 것은 저 하늘이 비를 내려 적셔 주는 것과 같다. 그대는 이번 기회에 인연이 맞았으므로 이제 도를 볼 것이다."
_마조어록

    마조도일 선사의 스승 남악회양 선사는 도를 깨치기 위해 좌선 수행 하던 마조에게 이 공부는 마음을 깨치는 공부인데 몸을 가지고 수행하고 있다며 잘못된 수행을 지적했다. 수레가 나아가려면 수레를 끄는 소를 때려야 하는지, 수레를 때려야 하는지 물으면서, 마조에게 수레를 때려 수레가 나아가기를 바라는 어리석은 공부를 하고 있다고 했다. 스승의 말에 느낀 바가 있던 마조가 어떻게 공부해야 제대로 하는 것인지 물었다. 회양은 도를 깨달으려는 발심이 됐다면 선지식이 가리키는 말을 통해 마음을 깨달아야 한다고 말했다. 본성을 깨닫는 일은 '발심이라는 씨 뿌림'과 '선지식의 설법을 듣는 비 내림'을 통해 싹이 트는 것과 닮았다. 몸을 다루거나 신체적인 변화에 주목하는 길이 아니라, 삿된 견해를 부수고 곧바로 마음을 가리키는 설법을 통해 문득 본래마음을 깨달을 수 있다. 그래서 설법을 듣는 것이 무엇보다도 중요하다.

    설법을 듣거나 묻고 답하는 가운데 분별 없는 본래마음이 깨어난다. 법문을 알아듣고 이해하는 것을 넘어 실제로 본래마음을 체험하는 것이 무엇보다도 중요하다. 말을 이해했다면 이 말조차 놓아 버려야 한다. 본래마음은 이해나 말이 아니기 때문이다. 가르침은 사람의 잠을 깨우기 위해 부르는 소리이거나 흔드는 손짓과 같은 것이다. 깨달음은 사람이 잠에서 깨어나는 일과 닮았다. 이런저런 자극에 의해 분별에서 깨어나면 분별 없는 본래마음이 드러난다. 모든 분별망상에서 남김없이 깨어나 본래마음이 활짝 밝아지는 것이 마음공부의 귀결점이다.

그런데 많은 사람이 방편의 말을 이해하고 지키는 것을 공부라고 착각한다. 평생을 생각에 사로잡혀 살아온 사람들은 이치에 맞게 표현하는 언어에 사로잡히기 일쑤다. 이치에 맞는 말을 긍정하고 집착하여 마음에 새기려고 한다. 그러나 이런 분별이 남아 있으면 본래마음이 드러나는 인연을 가로막게 된다. 분별집착에서 깨어나도록 이끄는 말을 듣고 놓아 버려야지, 그 말에 사로잡히면 본래마음을 보지 못한다. 부르는 소리, 흔드는 손짓을 붙잡고 있는 격이다.

생각에 사로잡히지 말라고 하면 '생각에 사로잡히지 말아야지.' 하는 생각을 붙잡아 마음에 새겨 둔다. '본래마음은 생각이 아니다.'라는 방편의 말을 들으면 '본래마음은 생각이 아니다.'라는 생각을 마음에 새기기 쉽다. 깨달음으로 이끄는 모든 말은 강을 건너는 다리와 같다. 목적은 강을 건너는 것이지 다리에 머무르는 것이 아닌 것처럼, 말이 가리키는 것에 통해야 한다. 그래서 '말'을 알아듣는 것이 아니라 '말귀'를 알아듣고 그것에 통하는 것이 중요하다. 말만 알아듣는 사람은 '말을 해서는 안 돼요.', '제발 좀 조용히 해 주세요.'라고 소리치며 말을 하거나 시끄럽게 구는 사람과 같다. '법은 말로 할 수 없다.'라는 말을 들으면 그런 줄 알고 법에 대한 말이나 생각에서 놓여나는 실천행이 따라야 한다. 그러지 못하고 말에 의지하는 것이 마음공부 길에 가장 큰 장애다.

> "누구나 말에서 잃어버리게 되면(말에 사로잡히면) 염화미소가 모두 설명(알음알이)이 되고, 마음에서 얻으면 세상의 온갖 잡담이라도 다 교외별전의 참뜻(禪旨)이 된다."
> _청허휴정

> "선문(禪門)은 다만 집착을 깨뜨리고 근본을 나타내는 것을 귀하게 여길 뿐이며, 번다한 말이나 뜻을 세우는 것을 귀하게 여기지 않는다."
> _보조지눌

본래마음은 언어의 뜻에 있지 않으나, 언어를 빌리지 않으면 이런 소식이 있다는 것을 깨쳐 주기 어렵다. 설법은 듣는 자가 직접 깨닫게 하려고 언어를 통해 본래마음을 가리켜 보인다. 또 설법을 통해 깨달음을 가로막는 분별집착심을 녹인다. 설법을 듣다 보면 자기도 모르게 분별심이 사라져 삶이 점점 가벼워지는 것을 경험한다. 그동안 수많은 허상에 사로잡혀 왔다는 것을 알게 되고 마음은 점점 안정된다. 그러다가 문득 생각이나 감정, 감각이 영향을 미치지 못하는 본래마음을 체험하면, 그때에야 비로소 푹 쉴 곳이 드러난다.

본래마음을 깨닫는 데 가장 장애가 되는 것이 말과 생각이다. 가르침의 말은 임시적이어서 영원히 마음에 두고 새겨야 할 것이 아니다. 해탈열반의 세계로 가기 위한 배와 같고 수레와 같다. 그 역할을 다하면 잊어야 할 것들이다. "소가 물을 마시면 우유가 되고, 뱀이 물을 마시면 독이 된다."라는 말이 있듯이 깨어남으로 이끄는 말과 생각은 좋고 나쁜 것이 아닌데, 생각으로 헤아려 집착하면 깨달음에 장애가 되고, 잠시 의지하고 놓아 버리면 깨달음으로 이끄는 훌륭한 수레가 된다.

"깨끗함은 모습이 없는데 오히려 깨끗하다는 모습을 세워 공부하려 한다면, 이런 견해를 만든 자는 자기의 본성을 가로막고 오히려 깨끗함에 구속되고 만다."
_육조단경

"이 마음은 허공과 같이 밝고 깨끗하여 어떠한 모습도 없다. 따라서 마음을 일으켜 생각을 움직이면 곧바로 깨달음의 본체와 어긋나 겉모양에 집착하게 된다."
_황벽어록

이런 말들이 가리키는 바를 받아들였으면 곧바로 행해야지, 이 말을 마음에만 담아 놓고 마음으로 실천하지 않으면 오히려 법에 대한 환상만 가득 쌓게 된다. 법은 생각이나 환상이 아니다. 바로 지금 이 현실의 당처인 것이다. 여기에는 법에 관한 생각이나 상상이 없다. 본래마음은 어떤 생각도 어떤 이미지도 아닌 직접적인 본 바탕이다.

　말을 듣고는 그 말에도 머무르지 않다 보면, 법문을 들어도 마음에 남는 것이 없고 잡히지도 않을 것이다. 이때부터 마음은 답답해진다. 깨닫고자 하는 열망은 강한데 스스로 할 수 있는 방법이 없어서 답답하다. 생각으로는 도저히 깨달을 수 없다는 앎이 있어서 일어나는 생각에 끌려다니지 않지만, 통하지 않았으니 분명하지 않다. 발심은 강한데 생각이나 분별로 아는 일이 아님을 알기에 어찌할 줄 모른다.

　이런 내적 불균형 상태가 깊어지면 문 앞에 다 온 것이다. 이때 법문을 들어도 내용이 들리는 것이 아니라 '웅웅웅'거리듯 단순한 두드림이나 자극처럼 들린다. 깨닫고 싶은 마음은 고조되고, 생각은 잘 작동하지 않는 상태다. 모든 설법과 가리킴의 행위들이 이 문을 두드리는 것 같지만 통하지 않아 답답함이 클 뿐이다. 이런 답답한 상태에 놓여 있다가, 문득 마음이 마음을 자각하는 일대 전환이 일어난다.

"지금 나에게 묻고 있는 것이 너의 보물창고다. 그것은 일체를 다 갖추고 부족함이 없어 마음대로 쓸 수 있다. 어찌 밖에서 구하려 하는가?"
_마조어록

배 상공이 황벽에게 물었다.
"견성(見性)이란 어떤 것입니까?"
"성(性)이 보는 것(見)이요, 보는 것이 성이다. 성으로써 다시 성을 볼 수 없다."
_황벽어록

이런 말들이 힌트가 될 수 있다. 문득 그 말이 가리키는 곳에 마음이 통하면 저절로 알아진다. 또는 선지식이 손을 들어 보이거나 탁자를 치는 단순한 동작에서 이 마음을 체험하게 된다. 설법을 듣거나 사물을 볼 때, 소리가 들릴 때, 행동이 일어날 때 문득 깨닫는다. 이 마음은 모든 모습과 둘이 아닌 것으로 그런 형상, 움직임과 따로 있는 것이 아니기 때문이다. 대상이 드러날 때 대상에 사로잡히지 않으면, 바로 거기에 변함없는 성품이 모든 대상을 비추고 있음을 체험하게 된다.

따라서 본성에 대한 체험은 법문을 들을 때뿐만 아니라 일상생활 어느 때에도 일어날 수 있다. 산책하거나 물건들이 부딪칠 때, 새소리가 들릴 때 등 일상생활 어떤 시공간도 깨달음의 현장이다.

이 마음은 애초에 잃어버린 적이 없다. 일상의 모든 일이 이 마음의 일이어서 모든 것과 분리되어 있지 않다. 그런데 우리는 대상 속에서 찾고 구한다. 대상에 사로잡히면 본래마음은 먼 세계의 이야기처럼 느껴진다. 그러나 그런 상태일지라도 이 마음을 떠난 적은 없다.

> 물가 수풀 아래 흔적 유달리 많거늘
> 잡초가 어지럽게 피어 있는 것을 보았는가?
> 설사 그것이 깊은 산 더욱 깊은 곳일지라도
> 하늘 향한 콧구멍 그것을 어찌 숨기랴?
> _곽암 선사의 노래, 십우도 중 '소의 발자국을 보다'

법문을 들으며 공부를 하다 보면 어느 순간 내가 어떻게 해도 도저히 얻을 수 없는 일이라는 좌절감이 느껴진다. 자기의 한계를 느끼는 순간, 힘은 다하고 마음은 피곤해 찾을 길이 없다. 그런 상황이더라도 새는 울고 하늘은 파랗다. 모든 순간 '하늘을 향한 콧구멍' 즉 모든 것의 숨구멍인 이 마음은 한결같다. 늘 여기에서 하늘이 드러나고, 새가 울고 있다. 배고프면 밥을 먹고 졸리면 자는 일이 실제 여기의 일이다. 그런데도 생각에 빠져 '생각 속의 마음'을 찾는다면 아득할 뿐이다. 이 고비를 넘길 수 있어야 자기의 본성과 만나게 된다.

3
아, 세상 모든 것이 이것이네!

소용돌이치는 기(氣) 체험을 한 지 3개월이 지난 2003년 9월, 나는 몹시도 화가 나 있었다. 기 체험이 있고 난 뒤 '이것'에 더 가까이 온 듯했으나 점점 답답해지면서 다시금 멀어지는 아득함이 느껴졌기 때문이다. 지난 6개월 동안 '이것'에만 몰입해 왔는데 오히려 더 막막해졌다. 시간이 지나면서 하늘에 먹장구름이 낀 것 같은 답답함이 밀려오고, 이런 식으로 가다가는 일 년, 삼 년, 십 년이 되어도 안 될 것 같았다. 어떻게 할 방법이 없어 이러지도 저러지도 못했다.

답답하고 아득하여 내 공부가 어디서부터 잘못되었는지 자신을 돌아보게 되었다. "경계 따라가지 말라. '이것'은 모든 작용이 일어나는 여기를 떠나 있지 않다."라는 말이 어느 순간 새롭게 들렸다. 나도 모르게 저지르고 있던 실수가 보였다. 생각으로 그림을 그리고 이미지를 그리면서 찾고 있었다. 손가락을 들어 보이면 손가락에 뭐가 있는 줄 알고 손가락에 마음이 갔다. "(탁자를 두드리며) 이것입니다."라는 설법을 들으면 탁자에 마음이 가는 것이 보였다.

줄곧 이렇게 경계를 따라가며 본래마음을 찾고 있었다. 순식간에 마음이 대상에 떨어지는 내면이 보였다. 법문을 들으면 법문의 내용에 사로잡히고, 손가락을 들어 보이면 손가락에 끌려가고, 탁자를 치면 순식간에 소리에 마음이 떨어졌다. 지금까지 이런 식으로 세상을 살아와서 나도 모르게 그렇게 본래마음을 찾고 있었다. 법문을 들으면서도 내용을 따라 대상에 떨어지고 있다는 것을 깨닫고, 그렇게는 절대 깨달을 수 없다는 앎이 생겼다. 법문에 어긋나게 마음을 쓰고 있었다.

법문을 제대로 알아듣는다는 것은 법문의 내용을 이해하여 그 내용에 사로잡히거나, 가리키는 대상을 보는 것이 아니었다. 직지 법문을 제대로 듣는다는 것은 어떤 내용을 듣더라도 그 내용이 아닌 어떤 마음도 일으킬 필요 없는 당처를 직접 자각하는 것이다.

법문에서 "경계에 떨어지지 마라.", "대상이 아니다."라고 말할 때, 이 말에 떨어지거나 잡고 있으면 어긋난다. "경계에 떨어지지 마라." 이 자체다. 어떤 의미도 마음도 없다. 그냥 소리가 일어나는 이 자리인데, 자꾸 "경계에 떨어지지 마라."라는 앎을 취한 다음, 경계에 떨어지지 않으려고 노력했다. 당장 "경계에 떨어지지 마라." 바로 이 자리다. 드러나는 대상이 소리가 됐든, 손이 됐든, 어떤 말씀이 됐든, 모든 것은 이 마음에서 의식화되어 일어나는 환상과 같은 것이다. 그런데 한 번도 분별이 끊어진 본래마음을 깨달지 못했기에 습관적으로 마음이 대상에 끌려가고 있었다. '법이라는 게 바로 지금 눈앞에 있어. 손가락 드는 여기에 있어.'라며 마음으로 속삭이고 있었고 그 속삭임에 사로잡혀 있었다.

대상경계가 아니라는 말씀은 늘 들었는데, 그 말을 이해만 하고 나 자신을 돌아보지 못했다. 모든 설법이 나한테서 일어나고 있었고, 손가락이 나한테서 들리고 있었고, 소리가 나한테서 울리고 있었다. 일어난 환상에 빠져 그런 것들이 따로 존재한다고 무의식적으로 믿었다는 것을 나중에 깨달았다. 자기가 꾼 꿈에 빠지고 있었다. 모든 현상은 자기가 꾸는 꿈과 같은데, 남이 보여 준 모습이라고 착각하고 있었다. 모습에 떨어지니까 그것이 밖에 있는 것처럼, 남이 하는 것처럼 보였다. 대상에 사로잡히면 따로 있고, 사로잡히지 않으면 따로 없다. 지금 눈앞의 대상들이 따로 있다면 스스로 대상에 사로잡히고 있는 것이다.

이 본래마음은 어린아이도 가지고 있고, 남녀 누구에게나 완전하게 갖추어져 있다. 마음을 일으켜 노력하고 수행을 따로 해서 얻을 수 있는 것이 아니다. 노력하고 애써서 얻는 것은 본래마음이 아니다. 모든 현상은 마음에서 분별이 일어나서 드러난 무상한 것이다. 그런데 그런 사실을 미처 깨닫지 못하고, 그런 것들이 밖에 있다고 생각하여, 밖에서 마음을 얻으려고 한다. 마음을 써서 얻으려 한다면, 마음을 가지고 마음을 찾으려는 것이다. 손이 손을 잡으려는 것이고, 입이 입을 먹으려는 것이다. 물이 물을 적시려는 것이고, 불이 불을 태우려는 것이다. 오히려 마음 씀이 쉬어지면 이 마음은 저절로 드러난다. 생각이나 감정에 끌려가지 않으면 이 마음은 저절로 드러난다.

살아온 습관대로 온갖 조작을 하며 법문을 듣고 있었다. 너무도 익숙한 조작이어서 스스로 조작하고 있는지도 몰랐다. 순간적으로 생각에 떨어지고, 상상에 사로잡히고, 감정에 매이고 있었다. 그렇게 살아와서 이것이 당연하다고 여겼다. 조작이 무엇인지, 조작 아닌 것이 무엇인지 스스로 감을 못 잡고 있었다. 법문 중에 옛 선사들의 일화가 나오면 순식간에 그 내용에 빠져 즐거워했다. 법에 대한 방편의 말을 들으면 그 개념들을 자기도 모르게 받아들여 되새기고 있었다. 또 과거 선사들의 체험을 생각하고, 앞으로 일어날 나의 체험을 상상했다. 일상생활 속에서도 자꾸 일어나는 생각에 사로잡히고, 일어나는 현실적인 일에 빠져들고 있었다.

이 모두가 경계에 떨어지는 일임을 나중에 알게 되었다. 그동안 해 오던 실수를 알게 되니 진실로 내가 할 수 있는 일이 아무것도 없었다. 내가 잘할 수 있는 일은 대상에 빠지는 일이었다. 과거를 생각하고, 미래를 상상하고, 현재 일어나는 일에 관해 판단하는 등 모두가 대상에 사로잡히는 일이었다. 법문 중에 손을 들면서 "이것입니다." 하면 자꾸 손을 따라가서 마음을 찾고, 탁자를 '탁탁탁' 두드리면 자꾸 탁자에 마음이 가 그 소리가 나는 거기에서 마음을 찾고 있었다. 지금까지 습관적으로 하던 행태가 한눈에 보였다. 선생님은 그렇게 하면 안 된다고 줄곧 말씀하셨는데, 나는 그 말을 이해만 하고 말의 참뜻과 어긋나게 헤매고 다녔다.

 법문을 듣다 보니 어느 순간 그런 미세한 조작이 보이기 시작했고 그럴 때마다 탁 놓아 버리게 되었다. 더는 진전이 없는 막막한 상태임에도 그동안에 들었던 설법이 하나로 정리되었다. '매 순간 어떤 일이 일어날 때 눈앞을 떠난 건 아닌데 어떤 경계도 아니다.' 그러고는 손가락을 들며 "이겁니다." 하셨다. 그렇다면 마음이 손가락이나 탁자를 치는 모습 하나하나에 있는 것도 아니고, 따로 숨어 있어서 찾아야 하는 것도 아니었다. 그렇다면 '진짜 액면 그대로 이 자체인가?' 정말 솔직하게 선생님께 묻고 싶었다. 어느 날 소모임을 하는데 꼭 물어보아야 할 것 같았다. 간절한 마음으로 물었다.

 "선생님! 진짜 이것밖에 없습니까?"

 그 순간 선생님께서 나를 보며 아무 말씀 없이 검지를 드셨다. 그 손가락에 무엇이 없다는 것은 이미 알고 있었다. '또 똑같이 그러시는구나.' 그때 손가락을 보고 있되 손가락에 마음이 없었다. 순간 눈은 손가락을 향하고 있었는데 손가락은 간데없고 눈앞이 확 밝아졌다. 보는 이 자체가 밝게 들어왔다. 그런데 그 순간은 뭐가 뭔지 몰랐다. 당황스럽고 너무도 순간적인 일이라 잠시 시간이 끊어진 느낌이었다. 이런 경험을 해 본 적이 없었다. 뭔가 다르긴 다른데 뭔지 몰랐다.

"잘 모르겠는데요."

시간이 얼마나 지났는지 몰랐다. 몇 초인지 몇 분인지 알 수 없었다. 무슨 변화가 있었는데 "모르겠어요."라는 소리밖에 나오지 않았다. 그때 나는 무언가를 알아야 하는 줄 알았다. 그런데 아는 게 아무것도 없었다. 그러자 선생님께서 말씀하셨다.

"모르면 인연이 없는 거고."

이렇게 넘어가려는데, 옆에 앉아 있던 도반이 이런 말을 하는 것이었다.

"뭔가 온 것 같은데요."

'뭐가 왔다는 말이지?' 나는 아무것도 몰랐고 아무 말도 할 수 없었다. 그렇게 소모임은 이어졌다. 도반이 말한 "뭔가 온 것 같은데요?"라는 말이 자꾸 맴돌았다. '그럼, 이걸 말하나?' 하며 이 자리를 돌이켜보게 되었다. 모임은 계속 진행되고 있는데 그 내용은 안중에도 없었다. '이걸 말하는 건가?' '설마 이걸까?' '이건 너무 아무것도 아닌 건데?' 그 순간 옆에 앉아 있던 그 도반이 노트북에 '탁탁탁' 소리를 내며 선생님이 말씀하신《육조단경》한글 번역문을 받아 적고 있었다. '탁탁탁' 아~하! 그 순간 그 소리가 너무도 생생하게 들렸다. 그 순간 '탁탁탁' 하는 소리가 모든 소리를 벗어난 곳을 가리켜 보이고 있었다. '탁탁탁' 소리는 거기를 강렬하게 때리면서 가리켜 보이는 것 같았다. 문득 보이는 것이나 들리는 것이나 한자리였다. 나는 그동안 소리에 떨어지고 모습에 떨어져서 대상에서 본래마음을 찾고 있었다. 그러니 둘일 수밖에 없었다. 그러나 소리와 손가락이 일어나는 그 자리에서 소리와 손가락이 하나였다.

6개월 동안 법문을 들으며 이해하고 상상해 왔는데, 법문의 내용을 알아들을 필요도 없이 바로 이것이었다. 모든 사물이 이 자리에서 드러나고, 모든 소리가 이 자리에서 드러나고 있었다. 키보드 두드리는 소리가 너무도 생생했다. 마치 존재의 밑바닥을 때리는 생생함이 느껴졌다. 자꾸 저 밖에 뭐가 따로 있는 줄 알았다. 사물이나 소리가 나와 상관없이 밖에 존재하는 줄 알았다. 그런데 그게 아니었다. 모든 것이 여기서 드러나는 것이었다. 부처님이 말씀한 '전도몽상(顚到夢想)'이 무슨 말인지 알아졌다. 모두가 자기가 꾼 꿈인데, 그게 밖에 있는 객관적인 실재처럼 여기고 있었다. 본래는 이 마음자리에서 세상 모든 것이 드러나고 있었다. 세상 모든 소리를 비추고 있는 이 자체가 자각되면서 세상 모든 사물이 이 안으로 들어오는 뒤집어짐이 일어났다. '아! 모든 소리가 이것이고, 모든 사물이 이것이네. 저기에 책이 있고 모니터가 있는 것이 아니라 모두가 이것이네.' 문득 이 진실을 체험하게 되었다.

선사들의 체험 사례를 보면 소리에서 통하는 경우가 많았다. 누가 부르는 소리에서 통하고, 대나무 부딪히는 소리에서 통하기도 한다. 소리가 일어날 때 문득 이 바탕을 체험하면 소리뿐만 아니라 모든 대상이 이 마음에서 드러나는 일이라는 것을 체험적으로 깨닫게 된다.

위산이 하루는 제자 향엄에게 물었다.
"그대는 백장 화상이 계신 곳에 살면서, 하나를 물으면 열을 대답하고 열을 물으면 백을 대답했다고 하던데, 이는 그대가 총명하고 영리하여 이해력이 뛰어났기 때문인 줄 안다. 그러나 바로 이것이 생사의 근본이다. 부모가 낳기 전 그대의 본래면목은 무엇인가?"
향엄은 이 질문을 받고 말문이 막혀 버렸다. 방으로 돌아와 평소에 보았던 모든 책을 뒤져 가며 적절한 대답을 찾으려고 애를 써 보았으나 끝내 찾지 못하였다. 그래서 스스로 탄식하였다.
"그림의 떡은 굶주린 배를 채워 주지 못한다."
그 뒤 향엄은 여러 번 위산에게 가르쳐 주기를 청하였으나 그럴 때마다 위산은 말하였다.
"만일 그대에게 말해 준다면 그대는 뒷날 나를 욕하게 될 것이다. 내가 설명하는 것은 내 일일 뿐 결코 그대의 공부와는 관계가 없다."
향엄은 이윽고 평소에 보았던 책들을 태워 버리면서 말하였다.
"이번 생에는 더이상 불법을 배우지 않고, 이제부터는 그저 멀리 떠돌아다니면서 얻어먹는 중노릇이나 하면서 이 몸뚱이나 좀 편하게 지내리라."
향엄은 눈물을 흘리면서 위산을 하직하였다. 곧바로 남양 지방을 지나다가 혜충 국사의 탑을 참배하고는 그곳에서 쉬게 되었다. 하루는 잡초와 나무를 베다가 우연히 기왓장 한 조각을 집어 던졌는데 그것이 대나무에 '딱' 부딪치는 소리를 듣고는 크게 깨달았다. 향엄은 급히 거처로 돌아와 목욕하고는 향을 사르며 멀리 계시는 위산 선사께 절을 올리고 말하였다.
"스님의 큰 자비여! 부모의 은혜보다 더 크구나. 만일 그때 저에게 설명해 주셨더라면 어찌 오늘의 이 깨달음이 있을 수 있겠습니까!"
이어 게송을 읊었다.

한 번 치는데 모두 잊어
다시 더 닦을 것 없네.
덩실덩실 옛길을 넘나드니
초라한 처지에 빠질 일 없어라.

곳곳마다 자취가 없어
사물 밖의 위엄이로다.
세상의 도를 아는 사람이라면
모두 훌륭한 근기라 하리.
_위산록

당나라 때 향엄 선사는 이론을 공부했으나 마음에 통하지 못했다. 아무리 생각을 굴려 '이것'을 알려고 해도 스승 위산영우에게 퇴짜만 맞았다. 그런데 모든 서적을 정리하고 알음알이를 놓아 버렸을 때 기와 조각이 대나무에 부딪치는 소리에서 통했다. 소리는 우리가 경험하는 현상 중에 무상함을 잘 알 수 있는 대상이다. 소리는 잡고 싶어도 잡을 수 없지만 끊임없이 일어나기도 한다. 생생하게 살아 있지만 잡히지 않는 이런 조건에서 문득 소리의 본바탕이 드러날 여지가 많다.

눈에 보이는 사물은 객관적으로 존재하는 느낌이 강하다. 눈은 그 무상한 변화를 잘 감지하지 못한다. 우리가 마음공부를 할 때 책을 읽는 대신 법문을 들으라고 하는 것도 이런 속성 때문이다. 법문은 소리이기 때문에 내용이 쉽게 잡히지 않는다. 책은 읽다가 이해가 안 되면 다시 돌아와서 생각으로 정리할 우려가 커서 자꾸 개념이 마음에 남는다. 이 공부는 본래마음을 가리고 있던 개념이나 분별집착심이 모두 녹아내리는 여정이다. 체험도 이런 분별심이 힘을 잃을 때 일어난다. 따라서 생각은 점점 쉬어지고 마음은 점점 안정되어 갈수록 본성이 깨어날 조건이 갖추어진다. 개념을 짓고 거기에 머물면 오히려 본성이 드러나는 것이 가로막힌다.

백장 선사는 어느 날 스승인 마조도일 선사를 모시고 길을 가고 있었다. 마침 물오리의 소리가 들리자 마조가 물었다.
"무슨 소리냐?"

백장이 말했다.

"물오리 소리입니다."

잠시 말없이 있다가 마조가 말했다.

"아까 그 소리는 어디로 갔느냐?"

백장이 말했다.

"날아가 버렸습니다."

마조가 머리를 돌려 백장의 코를 잡자 백장은 아파서 소리를 질렀다. 마조가 말했다.

"날아가 버렸다고 다시 말해라."

백장은 그 말을 듣고 깨달음이 있었다.

_백장어록, 김태완 역주, 침묵의향기

선사들은 제자들에게 본성을 깨닫도록 이끈다. 마조도 제자 백장이 아무런 마음의 준비가 없을 때 이것을 문득 가리켜 보여 깨닫도록 하였다. 처음에 백장은 분별되는 물오리와 물오리의 소리에 마음이 따라갔는데, 마조가 그의 코를 비틀며 "날아가 버렸다고 다시 말해라." 하는 말에 문득 그것이 일어나는 바탕을 깨닫게 되었다.

깨달음은 문득 일어난다. 온갖 경계가 이 마음 하나에서 일어나고 있기 때문이다. 어떤 경험을 하든 그 바탕을 깨닫느냐 깨닫지 못하느냐의 갈림길에 놓여 있다. 백장은 마조가 코를 비틀며 한 말 끝에 문득 이 본래마음을 체험했다.

나도 손가락이 드러날 때 문득 이 체험을 하였다. 처음에는 뭐가 뭔지 몰랐다. 그냥 넘어가려다가 도반이 "뭔가 소식이 온 것 같은데요?" 하는 말에서 이 자리를 돌이켜 보게 되고, 그때 키보드 소리가 맹렬하게 확인시킴으로써 와락 와 닿았다.

본성에 대한 체험은 아주 직접적이다. 어떤 설명이나 생각이 없다. 문득 생각 없는 이 자리가 딱 드러난다. 여기에는 이야기가 없고 어떤 것도 없다. "탁탁탁" 바로 이것이다. 소리가 드러날 때, 사물이 드러날 때, 통증이 일어날 때, 곧바로 확인된다. 체험은 이것에 대한 직접적인 실감이지 다른 무엇이 아니다. 사람에 따라 체험이 일어나는 인연은 각각 다르다. 소리뿐 아니라 사물이 드러날 때, 움직일 때, 말끝에, 아니면 깊은 절망 끝에 모든 마음을 쉬는 순간, 문득 모든 것을 비추고 있는 본성이 자각된다.

시간이 지나면서, 하늘과 땅, 산하대지가 저 밖에 있는 게 아니고, 다 여기에 있다는 자각이 왔다. 갑자기 꽉 막혔던 체증이 사라지는 것 같고, 세상의 모습에서 풀려난 듯 자유가 있었다. 내가 세상 속의 미약한 존재였다가 세상이 내 마음 안으로 들어오는 전환이었다.

처음부터 분명한 것은 아니었다. 이전에는 너무도 견고하게 세계가 존재하는 것 같았는데, 이제는 그것의 실체성이 많이 사라졌다. 더는 찾을 것이 없다는 생각에 안도감이 느껴졌으나 명료하지는 않았다. 처음에는 소리와 대상 사물이 한바탕이라는 것이 와닿

앉는데, 모든 것이 '이것'이라는 자각은 미진했다. 생각과 감정이 일어나는 바탕과 소리가 일어나는 바탕, 사물이 일어나는 바탕이 한꺼번에 다 뚫리지 않았던 것 같다. 생각이나 감정이 일어날 때는 너무도 빠르게 사로잡혀서 힘이 없었다. 생각과 감정의 본성이 '이것'이라는 자각은 이 마음자리에 익숙해지고 분별이 쉬워지면서 와닿았다.

사람마다 처음 이 자리를 체험할 때 그 인연이 다를 수 있다. 어떤 사람은 모든 대상이 이 하나로 한꺼번에 드러나는 체험을 하고, 어떤 사람은 소리에서 통하거나 사물이 드러날 때 본성이 자각되기도 한다. 깨달음의 기연은 다 다를 수 있으나 분별심이 쉬워졌을 때 일어나는 것은 다르지 않다.

어느 날 조주가 남전에게 물었다.
"무엇이 도(道)입니까?"
남전이 말했다.
"평상심(平常心)이 도이다."
"향하여 나아갈 수 있습니까?"
"향하려 하면 어긋난다."
조주가 물었다.
"향하여 가지 않고 어떻게 도인 줄 압니까?"
"도는 '알고 모르고'에 속하지 않는다. 안다는 것은 망념이고, 알지 못한다는 것은 무기다. 만약 진실로 의심할 바 없는 도에 통달한다면, 마치 허공과 같아서 확 트이고 텅 비었으니 무엇 때문에 억지로 옳으니 그르니 하겠는가?"
조주는 이 말끝에 이치를 깨달았다.
_조주어록

    조주종심은 스승 남전과 대화하다가 깨달았다. 처음에는 '이것'을 분별하는 마음으로 알려 했다. 그러나 '이것'은 앎의 대상이 아니다. 모든 앎의 당처가 '이것'이다. 남전이 '평소의 마음'이 도라고 하니, 조주가 그것을 대상으로 삼아 향해 나아가 알 수 있는지 물었다. 그러자 스승은 그러면 어긋난다고 했다. 사람들은 대상을 보고 듣고 느끼고 아는 것으로 일상을 사는데, 이 마음은 이 모든 행위가 일어나는 바탕이다. 조주는 이것을 간과하고, 평상심이라는 것을 대상으로 알려고 향해 나아가려 했다. 그러자 스승은 향하면 어긋난다고 했다. '이것'은 '대상을 따로 두고 알거나 모르는 마음'이 일어나는 여기이므로 조금이라도 마음을 내어 나아간다면 어긋난다.
    사람에 따라 '이것'이 드러날 때의 인연은 다를 수 있다. 어떤 사람은 법문을 듣다가 말끝에 이 자리가 드러나기도 한다. 또 소리를 듣다가 체험하고, 사물이 드러날 때 자각한다. 인연은 다를 수 있지만, 모든 경계의 본성이 드러나는 것은 다르지 않다.
    보고 듣고 느끼고 아는 바탕이 통째로 '이것'이라는 자각이 처음부터 오지는 않을 수 있다. 한꺼번에 확연히 드러날지, 미약하게 드러날지 알 수 없다. 생각의 바탕이 먼저 드러나기도 하고, 소리, 사물의 바탕이 먼저 드러나기도 한다. 그러나 본성에 제대로 통했다면 생각의 바탕이 소리의 바탕이고, 소리의 바탕이 사물의 바탕이라는 것을 깨닫게 된다. 만약 본성을 체험한 것이 아니라 어떤 현상을 경험한 것이라면, 시간이 지나면서 점점 흐릿해지고 사라질 것이다. 이런 경우는 어떤 심정적인 경계나 조작 상태를 본성이라고 착각하는 것이다. 제대로 이 자리가 자각되었다면, 시간이 지나면서 점점 분명해지고 점점 확연해지는 변화를 겪는다. '이것'만이 어떤 상태나 조건에서도 달라지지 않는다는 것을 스스로 의심할 수 없기 때문이다.

모든 것이 통째 하나로 체험되느냐, 미약하게 이 자리가 자각되느냐에 따라 체험의 현상적 강렬함은 다르다. 어떤 사람은 이러지도 저러지도 못한 순간, 자신을 비롯한 온 우주가 하나의 일로 드러난다. 이때는 평소의 의식과 너무도 달라 강렬한 인상이 남는다. 어떤 존재감도 느끼지 못하며 자기가 따로 없는 경험을 통해 더없는 자유를 느낀다. 모든 것에서 훌쩍 벗어난 듯하다. 어떤 사람은 이런 강렬함 대신 이 자리가 자기도 모르게 스르륵 자각된다.

사람에 따라 본성 체험을 할 때 현상은 다를 수 있다. 전체성을 뚜렷이 체험한 사람은 이것에 대한 확신이 강하게 느껴진다. 문득 이 자리가 스르륵 체험되는 사람은 자신의 체험을 확신하기 어려울 수도 있다. 그러나 중요한 것은 '어떤 것에도 물들지 않은 텅 빈 본성이 드러났느냐'이다.

체험은 공부의 시작일 뿐이어서 강렬한 체험을 했든 미약한 체험을 했든 분별심에서 실질적으로 깨어나지는 못한 상태다. 일시적으로 분별이 힘을 쓰지 못해 본성이 드러났으나, 체험의 여운이 가시면 다시 이원성(二元性)에 빠져 세상을 보게 된다. 마치 분별심의 잡초가 잠시 힘을 잃어 시들해진 상태일 뿐 뿌리째 완전히 뽑힌 것은 아닌 것과 같아서, 활짝 밝은 안목은 아직 열리지 않았다. 체험이 강렬하면 그 체험적인 현상에 집착할 수 있다. 의식적으로 이런 체험적 현상을 유지하려는 유혹에 빠질 수 있다. 이때 안목 있는 사람의 적절한 점검을 받지 않는다면 체험의 경계를 체험이라고 착각할 수도 있다.

진정한 본성은 어떤 상태가 아니다. 평소에 경험하지 못했던 어떤 상태는 언젠가는 사라진다. 아무리 강렬한 체험 현상도 시간이 지나면 머물러 있지 않다. 그러면 잃어버렸다고 당황하며 또다시 비슷한 체험을 추구하게 된다. 본성이 드러나는 체험을 통해 우리가 보아야 할 것은 없었다가 생겨난 어떤 경계의 변화가 아니다. 모든 것이 하나로 드러날 때 모든 것을 하나로 드러내고 있는 '알 수 없는 본성'이다. 이것은 마음공부를 하기 전이나 하고 있을 때나 체험할 때나 체험 이후나 변함없는 본성이다. 이 세상 모든 것을 드러내고 있는 이 알 수 없는 깨어 있음만이 진실한 것이다.

나중에 모든 분별을 떠나 안목이 활짝 열리면, 모든 것이 예외 없이 이 알 수 없는 깨어 있음이라는 자각이 온다. '이것'은 어떤 현상도 아니고, 상태도 아니며, 말할 수도 없고, 무엇도 아니라는 명료한 깨어남이다. 이런 전환이 오면 언제나 지혜가 활짝 열려 어디에도 걸리지 않고 살아가게 된다. 체험의 순간 모든 것이 일시적으로 하나로 드러나더라도 아직 분별심이 강하게 남아 있다. 지혜가 활짝 열린 상태가 아니다. 체험 이후의 공부는 모든 분별심이 뿌리 뽑혀 지혜가 활짝 열리는 과정이다.

본성이 체험되고 나면 집착이 약했던 것들은 많이 떨어져 나간다. 하지만 강하게 집착하고 있던 대상은 여전히 남아 분리감을 일으킨다. 이때 안목 있는 사람의 적절한 점검과 지도를 받지 못하면 또다시 분리된 상태에 빠져 혼란스러워한다. 그래서 체험이 있고 나면 반드시 안목을 갖춘 분을 만나 공부를 지도받아야 한다.

강력한 경계 체험이 없더라도 이 자리가 미약하게나마 드러났다면 실망할 필요는 없다. 오히려 이런 경우에는 이 자리를 놓치지 않으려고 공부에 더 몰입하게 된다. 커다란 경계 체험이 없어서 경계에 집착할 염려는 없지만, 자칫 미약하게 보이는 '이것'에 실망하여 다시 체험을 기다릴 수 있다. 따라서 이 길을 먼저 간 선지식들의 세밀한 안내를 받는다면, 경계에 대한 마음을 일찌감치 버리고, 본래 아무것도 아닌 여기에 마음을 두고 어렵지 않게 이 고비를 넘어갈 수 있다. 나도 처음부터 모든 경계에서 이 마음 하나가 분명하지는 않았다. 사물과 소리 등 감각적인 경계에서는 '이것'이라는 자각이 왔지만, 여전히 생각이나 감정에서는 분명하지 않았다. 그럼에도 이 자리는 의심할 수 없어서 계속 법문을 들으며 이 자리에 익숙해지다 보니 나도 모르게 모든 것이 이것 하나라는 사실이 당연해졌다.

어느 60대 여성 도반은 한 생각이 일어나는 바탕은 자각이 되었는데, 걸어갈 때나 손을 움직일 때 분명하지 않았다고 했다. 그러나 공부를 놓지 않고 하다 보니 어느 날 밥을 먹을 때 숟가락을 들다가 분명해졌다. '숟가락을 들고 밥을 먹는 것도 이것이구나.' 하는 확실함이 자각되었다.

또 어느 50대 남성 도반은 문득 보고 듣는 데서 이 자리의 체험이 왔다. 그렇게 공부를 하다 보니 어느 순간 생각과 감정도 다 여기에서 일어난 허망한 것이라는 사실을 깨닫고, 이전보다 훨씬 생각과 감정에서 자유로워졌다고 했다. 이렇게 본성을 조금이라도 맛보았다면 공부를 할수록 이 자리는 점점 더 밝아질 수밖에 없다.

체험의 핵심은 경계에 물들지 않는 자리가 드러나는 것이다. 처음에 확연하게 체험되든 바늘구멍만큼 열리든, 이 자리가 드러나고 이것이 본래마음이라는 확신이 드는 것이 핵심이다. 이게 드러났다면 여기에 마음을 두고 공부를 해야 한다. 이 낯선 것에 익숙해질수록 낯익은 분별망상심은 녹아내리게 된다. 분별망상심은 마음에서 일어난 의식일 뿐인데, 이런 것들에 사로잡혀 실재한다고 믿는 마음이다. 그런데 어떤 생각이나 감정, 감각의식 등 어느 것에도 물들지 않는 이 자리에 익숙해질수록 망상심은 힘을 잃는다. 시간이 갈수록 본성은 밝아지고, 추구하고 찾는 마음은 사라진다. 체험은 분별망상심에서 깨어나는 여정의 시작이다.

마음공부는 분별의 얼음이 녹아 물이 되는 것과 닮았다. 그동안 분별망상심으로 꽁꽁 얼어붙은 세상을 살다가, 이 분별심이 녹기 시작하면서 지혜가 열린다. 마음공부는 빙하기의 얼음 같은 분별심이 모두 녹아 온 우주가 유연한 물 하나가 되는 것에 비유할 수 있다. 바른 가르침에 대한 믿음을 가지고 따라가다 보면 분별심은 녹을 수밖에 없고, 삶의 장애는 가벼워질 수밖에 없다. 이것이 진리의 위대함이고 불가사의다.

어둠은 빛을 가릴 수 없다. 온통 까만 세상이라도 미약하게나마 촛불 하나가 밝혀지면 이것이 상대적으로 밝게 보일 것이다. 이것이 등불만 해지고 등불이 태양만 해지며, 태양보다 더 밝아져서 온 우주를 비추는 지혜의 빛이 될 것이다. 지혜의 등불은 본래 활짝 밝아 있는데, 사람 스스로 어두울 뿐이다. 자신의 정체성은 사람이 아니라 바로 이 텅 빈 성품이다. 이 진실에 깨어나는 여정이 시작되었다.

노란 꾀꼬리는 나뭇가지 위에서 지저귀고

> 햇살은 따스하고 바람은 온화한데 언덕엔 버들이 푸르네.
> 다만 여기 더이상 회피할 수 없는 곳에
> 차가운 소뿔은 그리기 어려워라.
> _곽암 화상, 십우도 중 '소를 보다'

　본성을 깨닫고 나니 노란 꾀꼬리 그 모습 그대로, 나뭇가지 위에서 지저귀는 모습 그대로, 따스한 햇살 그대로, 온화한 바람, 언덕 위의 푸른 버들 그대로 이 마음이다. 헤매고 다니던 모든 곳, 만나던 모든 모습이 여기의 일이다. 여기는 떠날 수도 없고 잃어버릴 수도 없다. '이것'이 분명하여 의심할 수 없으나, 모양 이전이어서 그리거나 말로 표현하지 못한다.

　본래마음을 소에 비유했다. 그런데 깨달은 바탕이 겨우 소뿔만큼 드러났다. 미약한 드러남을 상징적으로 표현하고 있다. 그러나 소뿔이지만 발자국과 같은 흔적이 아니라 실제 소의 일부다. 미약하지만 본성이 열리기 시작했다. 이것을 기회로 본성에 완전히 깨어나는 여정이 시작된 것이다.

　분명히 있긴 있는데 아련한 느낌, 그렇다고 해서 상상은 아니다. 체험한 자리를 챙기지 않으면 잃어버릴 것 같은 조바심이 있다. 이로써 '낯선 곳은 익숙해지고 익숙한 곳은 낯설어지는' 여정에 접어든다. 분별 없는 이 자리는 낯설고, 분별하는 마음의 습관은 강하다. 마음이 여기에 있으면 아무런 일이 없고, 현상에 사로잡히면 구속을 느낀다. 이런 공부의 감각이 열리면서 점점 일 없는 이 자리에 익숙하게 된다.

체험 초기에는 분별하는 습관이 남아서 체험한 것을 생각으로 규정할 수 있다. '이것'을 말로 할 수 있을 것 같고, 누군가에게 알려 줄 수 있을 것 같다. 이렇게 가깝고 쉬운 것을 선사들은 어렵게 표현했다고 생각할 수도 있다. 어떤 사람은 그동안 깨달음에 관해 축적한 지식이 하나로 꿰어져, 그 앎을 법이라고 착각할 수 있다. 하지만 본래 '이것'은 결코 알 수 없고 말할 수 없다. 이 사실이 확연해져야 한다. 결국 '이것'에 관한 생각이 남아 있지 않고, '이것'에 관한 앎이 모두 환상과 같은 것이라는 진실이 밝혀져야 한다.

《금강경》에 "모습을 취하지 않으면 한결같아 움직이지 않는다.", 또 "모든 것은 꿈과 같고 환상과 같고 물거품과 같고 그림자와 같다."라는 말이 있다. 단 하나의 모습도 따로 있다고 보지 않으면 저절로 이 안목이 열린다. 만약 말할 수 있는 어떤 것이 따로 있다면, 이것은 환상과 같은 모습을 취한 것이다. 이 마음은 절대 알 수도 없고 말할 수도 없다는 진실이 확연해지는 것이지, 말을 잘하는 것이 마음공부의 척도가 아니다.

그럼에도 체험 초기의 심경은 내가 무언가를 얻은 것 같다. 무언가를 이룬 것 같고 다른 세상으로 온 것 같다. 내가 깨달은 것 같고, 내가 달라진 것 같다. 이런 느낌이 드는 것은 여전히 내가 따로 있기 때문이다. 아직 분별심이 완전히 녹아내리지 않아, 내가 무언가를 경험한 것 같다. 이런 상태라면 '내가 공부하는' 입장이 있고, 내가 챙기는 무엇이 따로 있다. 본성이 드러나기는 했는데, 그것을 가리고 있는 분별심이 많이 남아 있어서, 자아에게는 '이것'이 특별한 대상처럼 투사된다. 그래서 내가 얻었다, 내가 깨달았다, 내가 체험했다는 마음이 드는 것이다. 마치 구름이 잔뜩 덮고 있던 하늘에 틈이 벌어져 파란 하늘이 조금 열렸는데, 여전히 남아 있는 구름 때문에 하늘이 부분처럼 보이는 느낌 같다. 본래 모든 구름은 파란 하늘 안의 일이다. 그런데 자아의식이 남아 있고 아직 가시지 않은 좋고 나쁜 분별의식들이 남아 있어서 본래 전체인 하늘이 부분처럼 보인다.

그런데 구름에 들어가면 텅 빈 허공만 있다. 이처럼 모양은 구름이지만, 모든 구름은 텅 빈 허공이다. 이 모든 망상의 구름이 다 하늘 가운데 일이라는 사실이 밝혀지면, 구름이 그대로 투명한 하늘이라는 자각이 와서 마치 온 세계가 하늘 아래 들어오는 것 같은 분명함이 있다. 미약하게나마 파란 하늘이 드러났다면, 이제 비로소 마음을 여기에 두고 본격적으로 공부해야 한다. 하다 보면 거대한 망상구름의 본성이 파란 하늘이라는 자각이 열린다. 그래서 현상 경계에 마음을 두기보다 본래마음에 관심을 둘 필요가 있다.

처음에는 챙기는 느낌이 들고 다소 노력처럼 느껴지기도 할 것이다. 그러나 분별망상에 사로잡히지 않으면 저절로 분별심이 없게 된다. 이것이 곧 챙김이 된다. 구름이 곧 허공이라는 사실이 이미 드러났기 때문이다. 구름의 모양에 속지 않으면 구름 그대로 허공일 뿐이다.

  분별망상에 사로잡히는 것이 습관적이고 익숙해서, 망상심에 빠지는 것이 자연스러운 것처럼 느껴질 수도 있다. 오랜 세월 이런 노력과 조작에 빠져 살아왔기 때문에 이것이 당연하게 느껴진다. 마치 늘 움직이던 사람이 멈추기 어려운 것과 같다. 움직이는 것이 몸을 쓰는 것이고 에너지를 쓰는 것인데, 움직이는 데 너무도 익숙하여 가만히 있는 것이 너무도 어렵고 자연스럽지 않다고 느껴질 것이다.

  또는 아침에 일어나 커피를 마시는 습관에 젖어든 것과 닮았다. 애써 커피 원두를 갈고 물을 끓여 커피를 내려 마시는 일련의 일이 당연한 일상 같다. 그러나 커피를 마시기 이전 본래 상태에 비해서는 많은 수고와 노력이 들어간다.

  본래마음이 확연히 밝아지는 일은 이와 닮았다. 분별 없는 힘은 너무도 미약하고, 분별하는 힘은 너무도 강하기 때문이다. '이것'에 마음을 두다 보면 분별심이 얼음 녹듯 녹아내려 가는 변화가 일어난다. 나도 모르게 '이것'에 머무는 힘이 커지고, 일이 없어진다. 분별집착심과 이 자리의 힘은 반비례한다. 분별이 강하면 이 자리의 힘이 약하고, 이 자리의 힘이 강하면 분별집착심은 약할 수밖에 없다. 이 두 힘이 모두 자기에게서 나오는 힘이기 때문이다. 모든 것은 마음 하나의 일이다. 마음이 마음의 작용에 사로잡혀 분리라는 착각에 떨어지느냐, 마음이 마음의 작용에 밝아 아무 일 없느냐의 갈림길에 있는 것이다. '이것' 하나뿐이라는 체험을 했어도 오랜 세월 분별에 사로잡혀 살아왔기 때문에 습관적으로 분별에 떨어진다.

하지만 이 마음 하나에 익숙해지고 젖어들다 보면 분별의 힘이 약해지고 그만큼 분별 없는 힘이 커진다. 따로 있는 것들이 다 '이것' 하나로 자각되어 하나로 돌아오는 여정이 이 공부 길인 것이다. 모든 것이 이 마음 하나의 일임을 깨달아 가는 여정이다. 이것이 《금강경》에서 말하는 중생 제도이다. 중생을 제도하고 보니 제도된 중생이 없더라는 말은, 따로 있다고 여겼던 것들이 모두 '이것'임을 깨달으니 따로 있는 것 그대로 아무것도 없었다는 깨달음이다. 있는 그대로 진실에 활짝 깨어나고 보면, 따로 있는 것은 하나도 없다.

십우도의 세 번째 단계인 '견우(見牛, 소를 보다)'는 본성자리가 얼핏 드러나는 체험이다. 살다가 극심한 경계에 부닥쳐 분별심이 힘을 못 쓸 때 이 체험이 일어날 수도 있다. 영성 서적을 보거나 일상생활을 하다가 부지불식간에 모든 것을 비추고 있는 이 바탕이 드러날 수도 있다. 본성을 곧장 가리키는 법문을 듣다가 깨어날 수도 있다. 이 자리를 보게 되면 생각이나 감정에서 벗어나게 된다. 생각도 실재가 아니고 감정도 진실하지 않음을 깨달아 무거운 짐을 내려놓은 듯하다.

　나도 마음공부를 하기 십여 년 전에 이런 체험을 했다. 그때 딱 죽어 버리면 좋겠다는 마음을 먹은 적이 있었다. 그런 마음으로 집을 나서는데, 마침 마당가에 심어진 나무들을 보았다. 동이 터 오고 나뭇잎에 방울방울 매달린 이슬들이 보석처럼 찬란하게 빛나고 있었다. 나무가 찬란한 빛을 내고 온 우주가 그 한 빛으로 가득했다. 그 순간 생생한 깨어 있음 하나가 온 천지를 머금고 있는 것이 체험되었다. 그때 이것만이 진실하고 누구나 이것을 갖추고 있다는 자각이 왔다. 이것 하나만으로도 충분히 살 만한 가치가 있다고 느꼈다. 그동안 고통을 주던 생각들이 누더기와 같았다. 자신을 억죄던 생각은 진짜가 아니었다. 마치 필요에 따라 옷을 갈아입듯 생각과 감정도 이 깨어 있음 위에 걸쳐진 옷과 같음을 보았다.

　그때 한결 가벼워진 마음으로 일상으로 돌아와 한동안 가볍게 살았다. 그런데 이런 본성은 누구에게나 있는 것이어서 별것이 아니라는 생각을 했다. 이 체험을 계기로 마음공부 길에 들어간 것이 아니라, 일상을 가볍게 사는 계기로 삼아 버렸다. 그때 이 체험을 바르게 점검해 줄 인연이 있었다면 예전의 분별하는 삶으로 돌아가지 않았을 것이다. 하지만 그런 인연은 없었고 여전히 세상살이에 욕망이 많이 남아 있었다. 이처럼 본성의 체험이 있어도 이후 원숙한 공부로 나아가지 않는다면 다시 분별심에 사로잡힐 수 있다. 본성의 체험은 본격적인 마음공부의 시작이다. 따라서 안목 있는 사람을 만나 제대로 된 안내를 받는 것이 무엇보다도 중요하다.

본성 체험에서 가장 중요하게 봐야 할 것은 경계의 변화나 삶의 편안함이 아니다. 시간과 공간과 상황에 물들지 않는 텅 빈 성품을 자각하였느냐다. 물들지 않는 이 자리가 드러나고 여기에 익숙해지면서 분별집착심이 녹아내려 마침내 하나의 성품이 온 우주를 관통하는 깨어남이 일어나야 한다. '이것'은 어떤 경험을 하든 무슨 일이 일어나든 달라지지 않는 본성이다. '이것'만이 모든 순간 변함이 없다.

4
정상에 올랐다가
구름 속에 갇혔다가

어느 도반이 물었다.

"이렇게 가만히 있어도 되는 겁니까? 이렇게 해서 공부가 됩니까?"

본래마음을 체험하면 한동안 편안한 상태가 된다. 그러다가 문득 이렇게 마냥 쉬어도 되는지 의심이 든다. 현실의 참모습에 밝아지는 공부는 특별한 노력을 요구하지 않는다. 무엇을 아는 일도 아니고, 노력해서 새롭게 얻는 일도 아니다. 그런데 오랜 세월 애써 노력해서 무언가를 얻어 온 습관이 강하기에 '노력이 필요 없는 공부'를 쉽게 받아들이지 못한다. 문득 본성을 체험했다고 해서 처음부터 추구심에서 활짝 깨어나지는 않는다.

몸에 밴 분별집착심이 만만치 않게 자리 잡고 있다. 거친 분별은 금방 알아차리지만, 미세한 분별집착심은 금방 드러나지 않는다. 분별 이전의 본래마음이 자각되면서 마음에서 일어나는 분별심이 보이기 시작한다. 오랜 세월 고착된 분별들은 시간이 많이 지나면서 발견되고 저절로 사라지기도 한다. 어떨 때는 이런 것이 자신에게 있었나 싶어 놀랍기도 하다. 고착된 분별들은 여러 상황 속에서 드러난다. 다양한 상황에서 내면의 기준들이 작동하는 것이 보인다. 고착된 분별심은 현실의 인연과 자기 마음의 분별집착 기준이 충돌할 때 의식의 표면으로 드러난다. 어떨 때는 성난 사자와 같은 감정으로 분출되기도 하고, 어떨 때는 상처받은 자기, 옹졸한 자기로 드러나기도 한다.

이런 현상은 따로 보고 집착하는 대상이 마음의 표현임을 명확하게 깨닫지 못하기 때문에 일어난다. 모든 기준이 마음 안의 분별의식이라는 것을 뚜렷이 자각하면서 이 고비를 지나간다. 마음 밖에 따로 있다고 여겼던 것들이 사실은 자기 내면의 분별이고 자기가 붙잡은 것임을 보게 된다. 잡고 있는 것들이 객관적인 사실 같지만 스스로 집착했기에 존재하는 대상으로 보이는 것들임을 깨달으면 저절로 놓게 된다.

분별은 인연에 따라 다양한 형태로 표출되기도 한다. 평소에 경험하는 일들에서 크게 걸리지 않다가도 특정한 인연을 만나면 괴로움이 폭류처럼 일어난다. 때때로 혼란스럽기도 하고, 때때로 감정이 출렁거릴 수도 있다. 어떨 때는 체험 이전보다 더 심란한 느낌이 들기도 하고, 어떨 때는 본성을 체험한 게 맞나 싶을 정도로 회의감이 들기도 한다.

본래마음이 드러나면 분별 기준들이 이전보다 더 예민하게 느껴진다. 밖으로만 향하던 마음의 눈이 물들지 않는 마음에 향하게 되면서, 일어나는 분별집착심들이 잘 보인다. 분별심들이 고삐 풀린 망아지처럼 이리저리 날뛰고 합리화하며 자기를 변호하는 패턴으로 드러난다. 자기의 행위를 합리화하거나 자기를 비하하는 등 자기를 중심에 놓고 판단하고 해석한다.

모든 합리화와 변명은 에고를 위한 것이다. 본래마음을 체험하면서 모든 것이 허상이라는 것을 눈치챘어도 분별심은 여전히 견고하여 쉽게 항복하지 않는다. 갖은 이유로 저항하고 합리화한다. 어떨 때는 분별심이 공부의 주체인 양 이러쿵저러쿵 조언하기도 한다.

그러나 본래마음에 익숙해질수록 그 정체는 탄로 날 수밖에 없다. 본래마음은 소리도 아니고, 모양도 아니고, 오고 감도 아니고, 의도도 아니며, 판단도 아니고, 이야기도 아니다. 소리와 모양, 오고 감, 의도, 판단, 이야기로 드러난 것들은 모두 분별심의 변주다. 분별하는 마음이 살아남기 위해 변명하고 저항하고 소동을 일으킨다. 이런 분별심에서 깨어나 이 모든 것이 마음의 일임이 밝혀질 때 마음은 걸림이 없고 자재하다.

이제부터 본격적인 깨어남의 여정이 시작되었다. 이때의 공부는 무언가를 얻고 더하는 공부가 아니다. 분별망상심에 사로잡혀 살아온 습관에서 벗어나는 여정이다. 가벼운 대상에서는 자유로워졌지만, 강하게 집착된 경계에 사로잡히는 마음이 남아 있다. 에고가 주인이 되어 '무아(無我) 공부'를 조언하려는 부조화를 일으킨다. 문득 이 자리는 드러났지만, 이것이 전부인 실상은 완전히 드러나지 않았다. 때로는 아무 일이 없는 것처럼 자유롭다가도 어떨 때는 소용돌이를 만난 것처럼 혼란스럽다.

고집스러운 마음은 여전히 드세어서 분별하는 마음과 분별 없는 본성이 힘겨루기하는 듯하다. 이럴 때는 미약하게나마 드러난 본래마음을 환기할 수밖에 없다. 환기한다는 것은 이 마음을 따로 두어 챙기는 것이 아니라, 순간적으로 사로잡힌 분별을 놓아 버리는 것이다. 이 시기 아무 일이 없다가도 마음이 불편해지고 이원성이 느껴지는 것은 자기도 모르게 분별하는 마음에 떨어졌기 때문이다. 이럴 때 본성을 체험한 사람은 저절로 불편함을 느끼는데, 사로잡힌 분별을 놓아 버리면 아무 일이 없다. 대상에 사로잡힌 마음을 놓게 되면 저절로 본래마음이 밝아져 아무 일이 없어진다. 이것이 본래마음을 챙기는 일이다.

처음부터 체험이 크게 다가와 따로 챙길 필요가 없는 자각에 이른 사람도 있다. 그러나 체험의 여운이 지나면 모든 것이 원래대로 돌아간 것 같다고 느끼는 사람이 많다. 이들은 다른 것은 크게 달라진 게 없고, 본래마음이 어둠 속의 촛불처럼 드러난 느낌을 받는다. 처음에는 잃어버릴까 봐 조바심이 나기도 한다. 그래서 시시때때로 이 자리를 확인한다. 일상생활을 하다가 문득 탁자를 쳐 보기도 하고, 허벅지를 때려 보기도 하며 이것을 환기하는 행동을 할 수 있다. 이 순간만은 들떠 있던 마음이 가라앉고 아무 일이 없는 것 같다. 안심입명이라는 말이 무슨 말인지 와닿기도 할 것이다. 이런 환기의 순간에는 분별들이 탈락하는 느낌을 받는다. 그러나 이런 환기도 시간이 가면 따로 할 필요가 없음을 저절로 알게 된다. 어느 정도 마음자리에 익숙해지면 '이것'은 어떤 상황에서도 잃어버릴 수 없음을 알게 된다. 따로 환기할 필요가 없어지면서 본래 마음 자리가 일상의 터전으로 자리 잡아 간다.

오랜 세월 축적된 분별심은 쉽게 사라지지 않는다. 고요해서 좋은 시절을 보내다가 부정적인 인연을 만나면 마음이 크게 출렁거린다. 이만하면 됐다 싶을 정도로 아무 일이 없다가 갑자기 나락으로 떨어진 듯 시끄럽다. 본성을 체험한 지 5개월 된 어느 도반은 분별이 마구 올라오고 화도 많이 나서 더 시끄러워진 느낌이 든다고 했다. 스스로 체험한 게 맞나 싶은 생각도 든다고 했다. 또 한 도반은 큰 경계가 닥치면 갑자기 평온함이 사라져 어쩔 줄 모른다고 했다. 자식의 앞날을 생각하면 갑자기 걱정과 불안이 올라온다고 했다. 몸의 에너지장이 변하는 것 같고 수면 시간도 짧아질 수 있다. 또 머리로는 대상경계들이 따로 없다는 것을 알지만 존재감은 여전히 남아 있기도 하다. 그 위력이 줄어들기는 했지만 집착된 대상경계를 만나면 휘둘린다.

어떤 도반은 수십 년 피워 오던 담배를 문득 끊게 되었고 술도 생각나지 않는다고 했다. 성적 욕구도 잘 일어나지 않아 해방감이 들기도 한다. 생각이 잘 안 되어 책도 못 읽고 기억력도 나빠져 바보가 된 느낌이 들기도 한다. 하던 업무 처리가 잘 안 되어 실수하기도 한다. 분별이 쉬어지면서 나타나는 현상이다.

감각적인 경계가 맑아져 세상이 투명하게 보이기도 한다. 소리도 너무 청명하고, 눈앞에 드러나는 사물이 시력을 교정한 것처럼 또랑또랑하게 드러나기도 한다. 어떤 사람은 외로움이 싹 가신 느낌이 들기도 한다. 변함없는 자기 마음이 드러나니 외로움이 사라졌다. 어떤 도반은 반대로 외로움이 더 느껴진다고도 했다. 가족과도 공부에 관해 소통이 안 되고, 가까웠던 사람들과 마음 깊은 곳에서 소통이 안 되어 멀어지는 듯하다. 이 공부를 홀로 할 수밖에 없다는 생각에 외롭다. 세상에 마음 둘 곳이 없음을 알아 가니 에고의 입장에서는 고독으로 느껴지기도 한다. 공부가 분명해져서 모든 것이 하나로 돌아오고, 하나가 모든 것이 되어 버리면, 외로움은 없어진다. 공부가 미진하기에 느껴지는 감정이다.

어떤 사람은 자기가 할 일이 없어진 것 같아 무력감이 들기도 한다. 이제껏 자기가 공부해 오다가 자아가 쉬어지는 쪽으로 나아가니 무기력해진다. 자아는 여전히 남아 있는데, 자아가 할 일이 없어지면서 무기력을 느낀다. 그러나 진정한 나, 허공과 같은 마음에는 무기력도 없고 무기력을 느낄 나도 없다. 자아가 하는 공부가 아니라는 가르침이 받아들여지면서 무기력한 상태가 경험된다.

자아가 진정한 자신이 아니라는 전환이 오면 오히려 푹 쉬어지는 세계로 나아간다. 내가 할 일이 아무것도 없어지는 영적 휴식이 느껴진다. 이 모든 것이 이 시기 공부 과정에 일어날 수 있는 변화들이다.

  체험을 하고 얼마의 시간이 지나면 공부가 왔다 갔다 하는 것이 마치 구름 사이의 하늘을 보는 듯하다. 구름이 잔뜩 끼어 있을 때 구름 사이에 드러난 청명한 하늘은 부분처럼 보인다. 그러나 구름이 하늘을 가리고 있든 그렇지 않든, 구름은 하늘 안의 일이고 그 자체가 하늘일 뿐이다. 구름을 멀리서 보면 테두리가 있는 물건 같지만, 그 속으로 들어가 보면 아무것도 없다. 구름은 본래 비어 있다. 따라서 구름이 끼어 있어도 하늘 하나로 변함없는 것이 구름 낀 하늘의 실체다. 모양을 보는 분별심이 많이 남아 있기에 구름과 하늘이 따로 있는 것처럼 느껴진다. 아직 법에 원만하게 통하지 못해서 대상을 보는 마음이 남아 있다. 대상에 빠지면 사로잡힌 마음이 느껴진다. 그때 대상화하는 마음을 놓아 버리면 금방 풀려난다. 사로잡혔다가 풀려났다가를 반복하는 자신의 상태를 보고 공부가 왔다 갔다 한다고 여기게 된다.

  깨어나는 여정에 이와 같이 왔다 갔다 함을 느끼는 것은 고착된 분별심이 남아 있기 때문이다. 자아감이 남아 있고, 자아가 추구하는 공부가 따로 있다. 본성인 텅 빈 마음이 자각되었어도 깨어나지 못한 분별들이 고정된 무엇처럼 견고하게 자리 잡고 있다. 특별한 상황에서 느끼는 관념이나 감정이나 존재들이 따로 있다. 모든 것이 '이것'이라는 것이 앎의 수준에 머물러 있고 자기 삶에 스며들지 못했기에 일어나는 현상이다. 공부가 체화되지 않았기에 왔다 갔다 한다고 여겨질 수 있다.

처음 이 마음이 드러나고 체험의 여운이 지나면 모양 세계와 모양을 벗어난 세계가 분리된 느낌으로 다가온다. 이전에는 모양을 벗어난 세계를 미처 모르고 있다가 이 자리가 체험되면서 모든 대상이 여기에서 떨어져 있는 느낌으로 다가온다. 여기에 있으면 어떤 대상도 영향을 미치지 못해 깊은 휴식을 느낀다. 그런데 삶이란 분별을 떠나 있지 않다. 생각하지 않으면 살 수 없고, 감정도 저절로 일어난다.

처음에는 분별 없는 세계와 분별세계가 따로 있는 것 같아 분별할 때마다 모양에 사로잡히곤 한다. 너무도 순식간에 벌어지는 일이라 집착된 인연을 대할 때마다 휘둘리고 감정이 일어날 때마다 사로잡힐 수 있다. 어떤 문제가 생기면 자기도 모르게 그 속으로 빠져들어 가 갇히는 느낌이다. 불편함을 느낄 때마다 일 없는 자리로 돌아오고 싶다. 그래서 생각을 하지 않게 되고 사람 만나는 것도 꺼리게 되며, 분별을 자극하는 상황을 피하고 싶다. 기억력이 사라지고 그만큼 생각이 잘 일어나지 않는다.

웬만한 일에는 크게 흔들리지 않는데, 아주 강하게 집착된 경계가 일어나면 휘둘려서 오히려 이전보다 더 크게 느껴질 수 있다. 일 없는 마음을 체험했기에 그 마음과 비교된다. 이전에는 일 없는 본래마음을 체험하지 못했기에 모든 순간이 구속이었다. 그런데 구속을 벗어나 보니 조금이라도 구속되면 아주 크게 느껴진다. 다행스럽게도 구속이 느껴지기에 내려놓기가 쉽다. 웬만한 경계는 가볍게 지나간다. 그러다가도 이런 시도가 통하지 않는 경계를 만날 수 있다. 자아에 직접적인 타격을 주는 상황, 강력하게 집착하고 있는 가족, 생계를 좌우하는 상황이 벌어지면 생각을 내려놓고 싶어도 놓아지지 않는다.

놓고 싶어도 놓이지 않는 강력한 역경계가 마음공부에서는 아주 중요한 전환의 계기가 될 수 있다. 경계에 사로잡혔다가 놓아 버리는 것은 구름과 청명한 하늘 사이를 왔다 갔다 하는 것과 같다. 그런데 피하고 싶어도 피할 수 없는 역경계가 일어나면, 그 먹장구름 그대로 본성인 청정한 하늘이라는 진실을 깨닫는 계기로 발전할 수 있다.

이 시기 공부는 마치 소의 고삐를 잡은 것처럼 확실해서 이 자리에 대한 의심은 없다. 이 자리를 잃어버리지 않을 것 같은 자신감이 생긴다. 길들지 않은 소의 야성이 남아 있듯이 이 자리는 낯설고 분별하는 마음이 강해서 혼란스럽기는 하지만, 소는 손아귀를 벗어날 수 없다. 좋고 싫은 일이 일어날 때마다 좋고 싫은 마음이 일어나지만, 이 자리가 금방 자각된다.

공부가 고달픈 느낌이 들고 '이 길이 만만치 않겠구나.' 여겨지기도 한다. 여전히 세상사에 마음이 남아 있고, 놓아 버리기 아쉬운 것들도 있다. 이치로는 모든 게 무상하여 마음 둘 것이 없는데, 그동안 대상에 집착했던 마음의 습관은 쉽게 사라지지 않는다. 눈앞에 사물이 있고, 사람이 말하고, 아이가 울고, 사람들이 고함치고, 동물들이 뛰어다니는 이 현실이 분별망상이라는 것이 완전히 받아들여지지 않는다. 경계의 실재감이 강하게 느껴지므로 집착하는 경계가 나타나면 자기도 모르게 흔들릴 수밖에 없다.

    온 정신을 다해 그놈을 잡았지만
    거칠고 힘이 세서 다스리기 어려워라.
    어느 때는 높은 벌판 위에 이르는가 싶더니
    또다시 구름 깊은 곳에 들어가 머무네.
    _곽암 화상, 십우도 중 '소를 얻다'

〈십우도〉의 네 번째 단계인 득우(得牛, 소를 얻다) 그림은 흥미롭다. 동자가 소를 찾다가 소를 보고 그 소를 붙잡았는데, 이 소는 여전히 검은색이다. 이후 다섯 번째 단계인 목우(牧牛, 소를 길들이다)로 넘어가면 소는 흰색으로 변한다. 3단계인 견우(見牛, 소를 보다)와 다른 점은 소 한 마리가 다 드러난 것이고, 검은 소의 머리에 멍에가 씌워지고 고삐가 채워진 점이다. 동자는 고삐를 잡고 소와 팽

팽하게 힘겨루기를 하고 있다. 고삐를 잡았으니 소를 잃어버릴 염려는 없다. 그러나 대상경계에 사로잡히는 마음이 왕성하여 틈만 나면 살아오던 습관대로 돌아가려 한다. 분별심이 강하게 남아 있는 상태를 검은 소의 몸부림으로 표현한 것이다.

이 상태에서는 생각에 휘둘리고 감정에 휘둘리고 감각의 대상에 휘둘린다. '모든 것이 마음 하나'라는 자각은 일어났으나, 아직 정밀하게 밝지 않아 힘이 약하다. 그러나 마음의 분별을 볼 눈이 생겼다. 자기 마음에서 분별이 왕성하게 일어나는 것을 보고 놀라기도 한다. 세상이 시끄러운 것이 아니라 자기 마음이 시비분별로 시끄러웠다.

예전보다 경계가 더 예민하게 느껴진다. 물들지 않는 자리가 드러나면서 대상경계를 분별하는 마음이 더 민감하게 느껴지고, '나와 남이 하나'라는 깨어남이 일어나면서 그 사이에 가로놓인 장벽이 옅어지게 된다. 장벽이 옅어질수록 타인을 의식하지 않게 된다. 자기의 생각과 감정을 억압하면서 살아온 사람일수록 억눌린 감정들이 터져 나올 수 있다. 분별의 장벽이 무너지고 옅어지면서 갇혔던 감정들이 튀어나와 당황스럽다.

이런 감정의 분출은 체험하기 전과는 다른 점이 있다. 체험하기 전에는 같은 감정 패턴에 시달리지만, 공부하면서 분출된 감정들은 더이상 남아 있지도 않고 쌓이지도 않는다. 깨어나지 못했을 때 맺힌 감정은 반복되고 집요하며, 표현할수록 증폭되는 경향이 있다. 그러나 체험 이후의 감정 분출은 흘러나올 때 그때뿐이고 더이상 남아 있지 않게 된다. 이 격한 감정도 분별망상임을 알기에 마음에 담아 두지 않는다.

> 고삐를 꽉 잡고 그놈을 놓치지 말라.
> 허다한 나쁜 버릇을 아직 없애지 못하였네.
> 천천히 코뚜레를 꿰어 끌고 가더라도
> 또 머리를 돌려 예전에 머물던 곳을 알려 하네.
> _석고이 화상, 십우도 중 '소를 얻다'

분별을 떠난 본래마음에 대한 감이 열렸다. 마치 내면에 이것을 감지하는 모양 없는 센서가 생긴 것처럼, 분별에 사로잡히면 불편하고 사로잡히지 않으면 아무 일이 없다. 지혜의 눈이 조금 열렸다. 이제 이 눈이 점점 밝아질 일이 남아 있다. 이 눈이 밝아질수록 분별에 사로잡히지 않게 되고 사로잡히지 않을수록 따로 두고 있던 분별망상에서 깨어난다. 분별망상에서 깨어날수록 흔들리지 않는 힘이 생겨 안목과 힘이 함께 자라난다. 지혜는 법을 보는 안목이고, 선정은 경계에 휘둘리지 않는 힘이다. 이것은 둘이 아니라 본래 하나다. 밝으면 흔들리지 않고, 흔들리지 않을수록 밝아진다. 법에 밝아진다는 것은 이 두 가지 측면이 커져 간다는 뜻이다. 이 공부가 본격적으로 시작된 것이다.

하지만 이 시기에는 아직 지혜와 힘이 약해서 자꾸 분별 현상에 마음이 사로잡히고 그럴 때마다 경계에 휘둘린다. 밖에서 떠돌던 버릇이 깊어 본래고향을 등지고, 떠돌아다니고 싶다. 뒤를 돌아보게 되고 세상을 그리워하는 마음이 남아 있다. 확인한 이 자리가 따로 있고 대상경계가 따로 있어서 분리감이 느껴진다. 이 자리를 '내가 체험한 것' 같고, '내가 챙겨야 할 것' 같고, 누군가에게 얘기해 줄 수 있을 것 같다. 모두 분별심에서 깨어나는 과정에 일어날 수 있는 내면 현상들이다.

나도 이런 시기를 겪었다. 체험이 오고 나서 고향에 갈 일이 있었다. 학창 시절 버스를 타고 통학했는데 그 길에 오래된 절이 있었다. 그 절에 서옹 스님의 제자 되는 스님이 오랫동안 주석하고 계셨다. 공부를 하는 사람으로서 고향 집 가까이에 안목 있는 유명한 스님이 계신다는 소식을 듣고 찾아뵈었다. 그때 언니와 동행하게 되었다. 언니는 불교 신자로서 절하고 기도하는 수행을 해 왔다. 언니는 수행해 온 과정을 스님께 말씀드렸고, 나는 옆에 앉아 듣고 있었다. 그때 마음속에서 '그런 게 불교가 아니야.'라는 목소리가 일어났다. 그 생각이 대화 내내 마음속에 맴돌았고 나중에는 스님의 안목을 알고 싶은 마음이 들었다. 문득 이런 말이 튀어나왔다.

"스님, 마음이 뭡니까?"

스님이 차를 끓이려고 포트에 물을 붓다가 멈칫했다.
"마음이 뭐라고 생각합니까?"

돌아온 질문에 나는 대답하지 못했다. 그러자 스님은 두어 번 똑같은 질문을 하시더니 더이상 묻지 않으셨다.

그때 내 마음속에서 이런 생각이 떠올랐다.

'"이분은 왜 마음이 뭐라고 생각하느냐?"라고 묻지? 이것은 생각이 아닌데, "뭐라고 생각합니까?"라니. 이분은 바로 지금 이것을 모르는구나. 바닥을 한 번 쳐 보이든가 손을 한 번 들어서 곧바로 가리켜야 하는데, 그냥 평소에 대화하듯이 "마음이 뭐라고 생각합니까?"란다.'

나는 웃음을 지어 보이고는 더 말하지 않았다. 이야기를 해 봐야 괜히 시빗거리만 될 것 같았다. 그렇게 돌아오게 되었다. 스님과 만난 지 7, 8년이 지났을 때였다. 유튜브에서 그 스님이 법문하는 영상을 보게 되었다. 문득 과거의 일이 생각나고 내가 했던 질문이 떠올랐다. 그 순간 실수를 돌아보게 되었다. 그분은 벌써 답을 주셨던 것이다. "마음이 뭐라고 생각합니까?" 이 자체인데 나 스스로 착각을 하고 있었구나.'

사실은 그분이 답한 게 아니라, 내가 묻고 내가 답한 것이었다. 그분이 무슨 의도로 말씀했든, 아니면 아무 말씀도 하지 않았든, 모든 답은 이쪽에 있었다. 그분이 따로 있다는 생각, 그분에게서 무슨 말을 들으려는 마음, 그분이 한 말을 이러쿵저러쿵 판단하는 것이 모두 이 마음의 일이었다. 본래는 그분을 만난 적도 없고 그분의 말을 들은 적도 없었다. 그때, '나 스스로 그분이 따로 있다고 여겨 그분의 안목을 보려 한 것이 망상이었구나.' 하는 깨달음이 일었다. 본래마음은 누군가가 전해 줘서 받을 수 있거나, 그 사람의 것이 따로 있어서 알아보는 것이 아니다. 누구에게서 나오는 답이 아니다. 자기와 타인이 모두 이 마음 하나여서 분리가 없다. 내 나름의 법상(法想)을 짓고는 그 기준에 맞으면 인정하고 그렇지 않으면 부정하는 이원적인 분별심에 빠져 있었다. '내가 뭔가를 안다.'는 자만심에 빠져 있었다.

이 시기에는 분별심이 많이 남아 있다. 체험하는 순간에는 이런 분리감이 없었을 것이다. 그런데 일정한 밀월 기간이 지나면, 체험한 자리와 현실이 따로 노는 것 같고, 내가 이것을 다스리고 관리하고 길들여야 할 것 같다. 마치 소의 고삐를 잡아당기면 소가 확인되어 아무 일이 없는 것처럼, 이 자리를 환기하면 일이 없는 것 같다. 그런데 나와 소 사이에 틈이 있어서 그 거리만큼 이원성이 느껴진다. 생각이나 감정 등 경계에 빠지면 시끄럽고, 그것에 빠지지 않으면 일이 없다. 천당과 지옥을 왔다 갔다 하는 느낌이다.

소와 사람이 둘이 아닌 것이 있는 그대로의 현실이다. 그런데도 이 시기 깨어나는 여정에서는 모양 없는 본래마음과 모양 있는 경계가 따로 노는 느낌이 든다. 그래서 생각이나 감정이 일어나면 거기에 사로잡힌 것 같고, 그런 경계를 놓아 버리면 아무 일이 없는 것 같다. 본래는 생각과 감정의 본성, 즉 생각 자체, 감정 자체가 '이것'이어서 생각을 해도 생각이 없고, 감정을 느껴도 감정이 없는 것이다. 그러나 아직 공부가 힘이 없고 세밀하지도 않아서, 생각을 하면 생각에 사로잡히고, 감정이 일어나면 감정에 사로잡힌다. 이 시기에는 왔다 갔다, 오르락내리락하는 차이가 크게 느껴질 수 있다.

어쩔 수 없이 소의 고삐를 당기듯 일 없는 자리로 돌아오는 것은 이 자리에 익숙해지고 힘을 얻어, 거칠고 집요한 분별망상에서 깨어나기 위함이다. 이 시기 어쩔 수 없이 이런 방편이 필요하지만, 늘 이 자리로 돌아오는 것이 공부의 궁극은 아니다. 만약 오랜 시간이 지났는데도 왔다 갔다 하기를 반복하고 있다면, 공부가 깊어지지 않은 것이다. 채찍과 고삐라는 임시방편에 의지하여 치성한 분별심을 약화시켜서, 낱낱의 경계가 바로 이 마음임을 깨달아야 자유로워진다. 이 시기에 고삐를 당김은 마음과 경계가 둘이 아닌 진실로 나아가기 위한 수순이다.

어느 날 석공이 부엌에서 일하고 있는데 마조가 물었다.
"무엇을 하고 있느냐?"
"소를 키우고 있습니다."

"어떻게 키우느냐?"

"한 번 풀밭으로 들어가면, 곧장 코를 붙잡고 끌어냅니다."

"그대는 참으로 소를 잘 키우는구나!"

_마조어록

소는 본래마음이고 풀밭은 대상경계다. 그동안 본래마음을 망각하고 모양 따라 드러나는 대상경계를 따라다니며 살아왔다. 문득 모든 것의 원천이 이 마음 하나임이 드러나더라도 마음의 습관은 여전하다. 자꾸 마음의 분별에 사로잡힌다. 대상경계에 빠질 때마다 그 풀을 집어먹지 않고 본래 '이것'을 환기할 필요가 있다.

대안 대사는 바로 백장에게 가서 절을 하고 물었다.

"학인이 부처를 알고자 하는데, 어느 것입니까?"

"흡사 소를 타고 소를 찾는 것 같구나."

"안 뒤에는 어떠합니까?"

"소를 타고 집에 돌아간 것 같다."

"처음과 마지막에 어떻게 보임해야 합니까?"

"소 먹이는 사람이 채찍을 들고 지켜보아 남의 곡식밭에 들지 않게 하는 것 같으니라."

_전등록

이 마음이 없다면 '마음을 깨달아야겠다'는 마음도 일어나지 않는다. 한마음이 일어나는 이곳에서 모든 일이 일어나고 있다. 깨닫고자 하는 사람의 상태는 마치 소를 타고 소를 찾아다니는 것과 같다. 이 마음이 아니고는 마음을 찾는 일이 불가능하다는 받아들임이 오는 순간, 문득 본래마음을 체험하게 된다.

한 생각, 한 마음이 일어나는 여기가 드러났음에도 추구하며 살아온 습관은 아직 강하게 남아 있다. 그럴 때마다 자기 밭의 곡식은 돌아보지 않고 남의 밭의 곡식, 즉 대상경계를 따로 두고 집어 먹으려는 마음이 일어난다. 이 착각을 돌아보고 집착된 마음에서 깨어나야 한다. 대상경계에 마음이 가는 것은 그것이 따로 있다고 착각하여 존재감을 느낄 때다. 모든 것이 자기 마음이라면 그것을 따로 탐낼 이유가 없다. 분리에 떨어질 때마다 망상에서 깨어나 이 자리를 환기시키는 여정을 '남의 곡식밭에 가려는 소를 끌어당겨 소가 돌아다니지 않게 하는 것'에 비유했다.

여전히 에고가 남아 있어서 마음을 통제하려는 경향이 있다. 편안하고 안락하면 공부를 잘하는 것 같고, 시끄럽고 괴로우면 공부가 안 되는 것 같다. 에고의 기준으로 공부를 삼기 때문이다. 편안하고 안락한 것은 나에게 이로운 것 같고, 시끄럽고 괴로운 것은 나에게 해로운 것 같다. 자아를 기준으로 법상을 세운 것이다.

본래마음에는 시끄럽고 괴로운 것이 없다. 이 마음은 분별할 수 없어서 편안하다, 안락하다는 느낌이나 판단이 설 수 없다. 그런데 대상을 생각하지 않을 때 느껴지는 편안함을 본래마음이라고 착각할 수 있다. 생각이나 감정에 어두우면 생각하거나 감정을 느낄 때 불편하다. 그래서 일어나는 생각, 일어나는 감정을 차단하거나 다른 편안한 생각이나 감정으로 대치하려 한다. 그러면 마음이 편안해진다. 이때의 편안함을 공부라고 착각할 수 있다. 그러나 이 편안함도 감정이고 느낌이다. 편안함의 본성이 본래마음이다. 다시 말해 어떤 생각이나 감정이 일어나도 거기에 본래마음이 있는 것이지, 그것을 떠나 따로 본래마음이 있는 것이 아니다. 편안함의 본성, 불편함의 본성이 본래마음이어서, 본래마음에는 편안함도 없고 불편함도 없다.

세밀한 안목이 열리지 않아 여전히 경계를 기준으로 자신의 공부를 판단한다. 그동안 시끄러운 삶을 살아왔기에 편안한 상태에 집착하게 된다. 그러나 '편안함'은 경계이고, 그것의 본성이 마음이어서, '시끄럽고 괴로운 것'의 본성과 다르지 않다는 것을 정밀하게 알아차리기 어렵다. 그 반대인 경계와 격차가 너무도 커서 그 차별 경계의 본성이 하나라는 진실을 받아들이기 어렵다.

이런 차별은 모두 자아에게 좋거나 나쁜 것을 기준으로 짓는, 본래마음에 관한 생각이다. 이런 차별도 분별망상이라는 자각이 일어나야, 좋고 나쁜 경계에서 자유로워질 수 있다. 이런 감정적인 장애는 깊고도 고질적이어서 깨어나기 어렵다. 많은 사람이 삶의 불만족이나 불안에서 벗어나고자 공부하게 되므로 분별이 없는 자리가 드러나면 이것을 대상화해서 집착하게 된다.

그러나 이 공부는 둘이 없는 진실에 밝아지는 길이다. 여전히 법에 관한 기준이나 생각이 남아 있으면 둘로 분리된다. 놓아 버리고 싶어도 놓아지지 않는 역경계가 일어나면, 안락함이나 편안함은 사라지고 없다. 더는 고요함이 챙겨지지도 않는다. 그럴 때 자기 공부의 한계를 절실히 느낀다. 이 시기에 진정 진실에 간절한 마음을 두어 에고를 돌아보지 않을 수 있다면 편안함, 안락함도 경계라는 사실을 깨닫게 된다.

깨끗한 곳을 좋아하지 말지니,
깨끗한 곳이 사람을 괴롭히느니라.

쾌활한 곳을 좋아하지 말지니,
쾌활이 사람을 미치게 하느니라.

물이 그릇에 들어 있음에
그릇을 따라 모나고 둥글고 짧고 길게 됨과 같도다.

놓아 버림과 놓아 버리지 않음을,
다시 자세히 헤아려 보아라.

삼계(三界)와 만법(萬法)은
어느 곳으로도 돌아가지 않느니라.

단지 곧장 안락하고 쾌활하기만 하다면,
이 일은 크게 어긋난 것이라.

허 거사에게 알려 주노니,
자신의 부모가 도리어 재앙이 되느니라.

일천 성인의 안목(眼目)을 활짝 얻을지언정,
자꾸 액을 막으려고 빌지는 말아야 하느니라.
_대혜 서장, 김태완 역주, 침묵의향기

이 시기에 모든 것이 텅 빈 허공과 같은 마음이라는 것을 보았지만, 좋고 나쁨, 고요하고 시끄러움 등 생각의 차별성이나 감정의 차별성에 대해 세밀하게 깨어나지는 못했다. 그래서 아무 생각이 없고 일이 없는 자리에 머무르는 것이 공부라는 착각을 할 수 있다. 생각의 미혹, 감정의 미혹에 낱낱이 깨어나지 못하여 법에 관한 생각, 법의 상태를 마음에 두고 있기 때문이다. 생각을 하지 않으려 하고, 감정을 느끼지 않으려 할 수도 있다. 인연을 만들지 않으려 하고, 사람을 피하려 하며, 생각하는 일을 싫어할 수도 있다. 아무 생각 없는 상태에 머물려 할 수도 있다. 원치 않는 일이 일어나면 회피하거나 바꾸려 하고, 원하는 일이 일어나면 머물고 싶어 할 수도 있다. 적극적으로 무언가를 추구하지는 않지만, 집착심은 여전히 남아 있을 수 있다. 본성은 체험했지만, 아직 지혜가 활짝 밝아지지 않았고, 선정의 힘도 부족하다.

  문득, 낱낱의 생각, 낱낱의 감정 자체도 '이것'이어서 어떤 생각이나 감정도 먼지 티끌만 한 예외 없이 하나라는 통렬한 깨어남이 일어나야 한다. 그리되면 풀밭이 따로 없고 남의 곡식이 그대로 자기 집안 살림살이임을 알아 저절로 크게 쉬어진다. 모든 모양이 그대로 이 마음이라는 분명한 자각을 통해 대상경계에 저절로 무심해져서 머물지 않는 공부로 나아가게 된다.

5
피할 수 없는 곳으로 들어가라!

본래마음은 하나여서 언제나 따로 있는 것이 아니다. 체험 초기에 '이것(본래마음)'을 챙기라고 하지만, 본래마음에 익숙하게 하려는 방편이다. 생각하든 하지 않든, 감정을 느끼든 느끼지 않든, 본래마음은 하나다. 문득 체험하여 전체성이 드러났어도 체험의 여운이 사라지면 분별하는 습관이 일어난다. 자꾸 분별심에 사로잡히면 본래마음 하나인 실상이 활짝 밝아지기 어렵다. 진실은 변함없지만, 사람이 자꾸 예전의 습관에 사로잡혀서 왔다 갔다 한다.

분별 없는 마음에 익숙할수록 이 마음을 따로 챙길 필요가 없다는 자각이 열린다. 챙기는 것이 부자연스럽다. 어떤 일도 본래마음을 떠난 것이 아니라는 확신이 들면, 이것을 따로 챙기는 일은 저절로 쉬어진다. 챙기는 마음 씀이 쉬워졌어도 분별집착심에서 활짝 깨어난 것은 아니다. 이때부터는 진실을 가로막는 고착된 분별심에서 본격적으로 깨어나는 공부를 하게 된다. 생각이 일어날 때 분별에 걸리지 않기는 쉽지 않다. 참된 공부는 생각을 하더라도 그 생각의 본성이 텅 비었음을 깨달아 생각에 걸리지 않는 길이다. 더 나아가 긍정적인 생각이 일어나든 부정적인 생각이 일어나든, 좋은 감정이 일어나든 나쁜 감정이 일어나든, 본성은 하나라는 깨달음으로 모든 생각과 감정에 걸리지 않는 길이다. 그래야 삶의 모든 순간에 자유로울 수 있다.

어느 60대 도반이 찾아와서 물었다. '깨어 있을 때는 늘 이것이라는 것이 성성하다. 그런데 생활하다 보면 생각에 빠져들어 이것이 챙겨지지 않고 몽롱해진다.'고 하면서, 늘 성성해지려면 어떻게 공부해야 하느냐고 물었다. 또 다른 도반은 말하기를, '동정일여(動靜一如)니 몽중일여(夢中一如)니 하는 게 있다고 알고 있다. 깨어 있을 때는 이것이 한결같은데, 잠들거나 꿈꿀 때는 이게 도무지 감이 안 잡혀 그 부분이 걸린다.'고 했다.

이런 질문을 하는 까닭은 자기가 주체가 되어 공부하기 때문이다. 꿈과 깸이 하나이고 움직임과 고요함이 하나라는 가르침의 말을 들으면, 자신이 그런 상태가 되어야 한다고 여기며 집착한다. 이런 관념에 집착하면, 생각에 빠지거나 꿈 혹은 깊은 잠에 빠졌을 때 자기가 주체가 되어 챙기거나 통제하지 못해서 스스로 공부가 부족하다고 여긴다.

이것은 자아가 남아 있기 때문에 나타나는 공부의 부조화다. 공부가 깊지 않으면 이 마음을 자기가 통제할 수 있을 것 같다. 그러나 '나'뿐만 아니라 나의 어떤 생각이든 모습이든 상태든 행위든, 이 마음의 표현일 뿐이다. 본래마음은 내가 통제하거나 조작할 수 없다. '이것'은 내가 알거나 생각하거나 잡거나 바꾸거나 버릴 수 있는 것이 아니다. 내가 또랑또랑해지고 생생해지고 고요해지는 것이 아니다. '이것'은 자기의 상태와 상관없이 늘 변함없다. 모든 분별 이전의 일이기 때문이다.

'나'도 본래마음에서 일어난 분별의식이고, 생생함, 꿈, 잠도 모두 분별의식이다. 분별이 없으면 나, 세계, 생생함, 고요함, 잠, 꿈이라는 생각이나 상태가 있을 수 없다. 모든 생각과 상상은 지금 이렇게 분별이 작동할 때 드러난다. '나라는 생각'은 '나라는 생각의 본성'을 알 수도, 주재할 수도 없다. 동정일여, 몽중일여의 상태가 되려는 것은 내가 어떤 상태로 들어가려는 것이다. 그것은 꿈속에서 꿈을 깨는 꿈을 꾸는 일이다. 모두가 조작이고 망상이다.

이 본래마음은 그런 시도조차 하기 이전에 분명하다. 잠과 꿈, 깸과 생각이 모두 지금 이 마음의 표현이다. 지금 일어나는, 깨달음에 대한 이런저런 분별망상에서 깨어나는 것이 참된 공부다. 본래마음은 잡을 수도 없고 생각할 수도 없지만 생각생각의 당처임을 깨닫는다면, 생각하든 하지 않든, 꿈이든 잠이든, 어떤 분별이 일어나도 이 마음이다. 이 사실에 밝아지면 공부를 위해 할 일이 없다. 내가 주인공이 되어 하는 모든 행위와 시도는 다 조작이고 망상이다. 이 공부는 있는 그대로의 진실에 깨어나는 길이지, 내가 무언가를 하거나 하지 않는 공부가 아니다. 지금 드러나는 분별상 그대로 하나의 일이라는 깨달음이 성취되는 일일 뿐이다.

"무엇을 일러 무념이라 하는가? 만약 온갖 현상을 보더라도 마음이 물들어 집착함이 없다면, 이것이 무념이다. 마음이 작용하면 모든 곳에 두루하지만 또한 모든 것에 집착하지 않는다. 다만 본래마음을 깨끗이 하여 여섯 가지 의식이 여섯 개의 문으로 나가 여섯 가지 경계에 있더라도 물들어 섞이지 않고, 오고 감이 자유로워 통하여 쓰는 데 막힘이 없으면, 이것이 반야삼매이며 자재해탈이니 이를 무념행이라 한다. 만약 온갖 것을 생각하지 않고 마땅히 생각을 끊으려 한다면 이는 법에 얽매인 것이어서 치우친 견해라 한다."
_육조단경

생각을 하면서도 생각에 걸리지 않고 감정을 느끼면서도 감정에 걸리지 않는 삶이 깨어난 삶이다. 만약 생각을 없애거나 생각에서 벗어나는 공부를 한다면, 이것이 치우친 견해이고 이원성이다. 따라서 모든 차별적인 생각, 모든 차별적인 감정 등 모든 것이 본래마음 하나라는 깨어남이 반드시 일어나야 한다.

본래마음을 체험하면 집착심이 적은 것들에서는 쉽게 깨어난다. 많은 부분 가벼워지고 마음에 담아 두지 않게 된다. 그러나 스스로 깊게 사로잡혀 있는 것들은 여전히 위력을 발휘한다. 이런 습관에서 깨어나지 못해 시시때때로 집착된 생각에 사로잡혀 구속을 받는다. 여전히 에고가 힘을 발휘하여, 자기가 마음을 체험한 것 같고 내가 이것을 챙겨야 할 것 같다. 자아가 주인공이 되어 살아온 습관이 깊기 때문이다. 이 길은 나와 세상이 있는 그대로 텅 빈 모습임을 깨닫는 공부다. 내가 따로 없는 공부를 자기가 주인이 되어 하려는 잘못을 저지른다. 자칫 잘못된 길에 접어들면, 자아를 강화하는 쪽으로 가게 된다. 여기에서 길을 잃는 공부인이 참으로 많다. 자아는 자기가 없다는 사실을 받아들이려 하지 않는다. 자기가 하는 분별과 조작을 모두 놓아 버릴 때 내가 따로 없음이 저절로 드러난다.

 자아도 본래마음에서 일어난 미묘하고 집착적이며 집요한 망상이라는 것이 드러나려면, 자아의 존재가 약화하는 흐름에 들어가야 한다. 내가 주인이 되어 공부하고 있다면, 왔다 갔다 할 것이고, 잡고 놓는 것이 있을 것이고, 챙기고 챙기지 못하는 상황이 있으며, 공부가 되고 안 되는 것처럼 느껴질 것이다. 그러나 본성은 왔다 갔다 하지 않는다. 본성은 손이 없어서 잡고 놓는 행위를 할 수 없다. 본성은 머리가 없어서 공부도 없고, 공부 아닌 일도 없다. 어떤 상황에서도 왔다 갔다 할 수 없다는 깨달음이 없으면, 이원성에 갇혀서 오랜 시간을 보낸다.

 마음공부는 내가 따로 없고 세계가 따로 없는 실상에 깨어나는 여정이다. 그러므로 내가 주체가 되어 공부할 수 없다. '공부하는

'나'는 자기를 기준으로 공부를 규정한다. 그 기준에 맞게 노력을 하면 잘하는 것처럼 여기고, 그 기준에 맞지 않으면 잘못하는 것처럼 여긴다. 잘되면 의기양양하고, 잘 안 되면 자책한다. 원래 마음공부는 모든 구속에서 벗어나려는 것인데, 이러면 오히려 공부가 자신을 구속한다. 이런 공부는 생각으로 하는 공부다.

여기에는 어떤 기준도 없고, 판단할 자도 없다. 어떤 노력도 필요 없고, 이야기도 없다. 무슨 노력을 하든 하지 않든 모든 분별은 하나의 바탕에서 일어나는 분별이다. 허망한 분별은 그 내용이 어떻든 깨어나면 그만이다. 마음공부란 처음부터 끝까지 분별망상에서 깨어나는 일의 연속이다. 나와 세계가 모두 이 마음에서 일어난 분별망상이라는 것을 깨달으면 저절로 적멸하고 저절로 해탈이다. 적멸이란 모든 분별심의 항복이고 모든 분별심이 항복하면 저절로 걸리지 않는다.

평소에 '나'를 잘 의식하지 않다가, 어떤 대상을 경험할 때 내가 의식된다. 대상이 있으면 내가 따로 있는 것이다. 대상이 따로 없으면 나도 따로 없다. 나와 대상은 동시에 드러나고, 동시에 사라진다. 이원성의 구조에서 벗어나는 길은 내가 대상으로 두었던 모든 것이 이 마음의 일임을 깨달아 그것들을 따로 두지 않는 것이다. 그러면 그것을 대상화하는 나도 힘을 잃는다. 대상에 대한 분별이 일어나더라도 그것이 이 마음임을 깨닫는 것이 중요하다. 그것이 이 마음임을 깨달으면, 대상에 대한 집착이 사라지고 대상에 머물지 않게 되며, 판단하고 취사선택하지 않게 된다. 그러므로 어떤 대상이 경험되더라도 그것 그대로 이 마음임을 진실로 깨치는 것이 중요하다.

> 지극한 도는 어렵지 않으니 다만 가려서 선택하지만 말라.
> _신심명

처음에는 이런 공부가 생소할 수 있고, 공부가 아니라고 생각할 수 있다. 그러나 마음공부는 현상을 다루는 공부가 아니라, 본성을 깨닫고 모든 것이 본성 하나가 되는 길이다. 기존의 공부 방식과 아주 다르다. 상태에 따라 달라지는 공부는 모든 것의 근원이 될 수 없다. 참된 근원은 어떤 상태나 시공간에 영향을 받지 않는다. 만약 시끄럽거나 괴롭거나 혼란스러운 상태를 배제한 것이라면, 그것은 전체가 될 수 없고 진리도 아니다. 진실은 자아의 손아귀에 잡히지 않는다. 내가 따로 통제할 수 없다. 나와 나 아닌 모든 것을 아우르는 것이 근본이다.

이 시기 정말 중요한 것은 내가 주체가 되어 공부하려는 습관에서 깨어나는 일이다. 괴로움의 원천, 분리의 원천인 내가 따로 없는 실상을 깨닫는 공부다. 그러므로 내가 하는 공부가 아니라, 내가 할 일이 없어지는 공부가 되어야 한다. 이것이 공부의 감각이 열리는 것이고, 본격적으로 이원성이 사라지는 궤도에 오르는 전환이다. 이 시기에 눈 밝은 선지식의 안내를 세밀하게 받아야 한다. 이런 병통을 겪어 본 사람만이 여기에서 벗어나는 안내를 적절히 해 줄 수 있다.

> 마치 금을 다루는 사람이 금을 연단할 때 자주 불에 넣으면 점점 더 밝고 깨끗하고 조화롭고 부드러워지는 것처럼 마음대로 받아들이게 된다.
> _화엄경, 십지품, 환희지

체험을 하고 나면 분별심이 불편하게 느껴진다. 마치 이물질 같아서 분별심이 일어날 때마다 껄끄럽다. 이런 영적 감각이 열렸다면 분별심에서 깨어나는 공부가 저절로 이루어진다. 온통 마음 하나인 진실을 체험하고 보면, 여기에 어떤 분별이나 이물감이 없는 자유가 있음을 느끼게 된다. 조건 없는 자유의 맛을 느끼면 분별에 치우치지 않는 균형감각이 열린다. 조금이라도 분별이 있으면 불편하다. 분별심이 일어날 때 민감하게 저절로 알아진다. 마치 광석에서 순금을 제련하는 과정과 같다. 순금을 보는 안목이 열리면 이물질을 예민하게 감지하게 된다. 이물감이 느껴지면 이물질에서 벗어나려는 마음이 생긴다. 금을 제련할 때 이물질을 제거하는 것처럼 분별들이 떨어져 나가는 여정이 본격적으로 시작되었다.

하지만 이런 비유도 오해의 소지가 있다. 따로 있는 것처럼 보이는 분별들의 본성은 본래 이 마음이다. 금이 따로 없고 이물질이 따로 없다. 금과 이물질이 따로 보이는 것이 분별심이며, 금과 이물질이 그 모습 그대로 하나임이 드러나는 것이 진정한 탁마이고 공부의 제련이다. 마치 분별망상심에 사로잡혔을 때는 온 세계가 분리된 얼음 조각들의 세계였다가, 얼음의 본질을 알면 본래 그 얼음 조각들 그대로 하나의 물인 것과 같다. 얼음 조각들은 분리된 모습이지만, 그것의 본성은 물이다. 현상세계의 다양한 모양도 그 본성은 마음 하나다. 얼음이 물임을 깨닫는 것처럼, 모든 정형화되어 따로 있는 그대로가 마음임을 깨닫는다. 경험하는 모든 것이 이 마음 하나인 진실에 깨어날 일만 있는 것이다.

처음에는 분별된 모습만 알다가, 문득 체험의 순간에 분별된 모습이 하나인 본성을 자각하게 된다. 본성이 자각되고 나서, 본성과 모습이 둘 아닌 하나임에 분명히 밝아지는 여정에 든다. 이것이 불이법(不二法)에 통하는 공부 길이다. 따라서 이후의 여정은 모든 모습이 예외 없이 이 마음 하나로 확인되는 여정이고, 모든 분별이 그 모습 그대로 따로 없다는 깨어남이다. 이 시기에 시행착오나 실수는 어쩌면 필연적이다. 모든 것이 분별없는 하나임을 깨닫지 못했고 그렇게 살아 본 적도 없어서 이 공부를 예전의 분별심으로 하려 들기 때문이다.

소소한 경계는 잘 안 끌려가는데, 심한 경계를 만나면 끌려간다. 강하게 사로잡힌 경계에 부닥치면 마음이 산란해진다. 이때 끌려다니는 자기의 모습에 화가 나기도 한다. 일이 없으면 공부를 잘 하고 있고, 일이 있으면 못하고 있다고 여긴다. 편안하면 잘하고 있고, 괴로우면 못하고 있다고 여긴다. 이것을 나누는 기준은 자기다.

그러나 공부는 자기가 중심이 되어 하는 게 아니라, 본래마음이 모든 것의 중심이 되어야 한다. 끌려가고 끌려가지 않고, 고요하고 시끄럽고, 편안하고 불편하더라도 모든 것이 이 마음의 일임을 밝게 볼 수 있어야 한다. 왔다 갔다 하는 것은 개인의 일이다. 전체는 왔다 갔다 할 수 없다. 고요해도 '이것'이고, 시끄러워도 '이것'이다. 편안해도 '이것'이고, 불편해도 '이것'이다. 따로 두고 있는 이 기준들이 모두 무너져야 한다. 현상을 나누는 마음의 칸막이들이 모두 본래마음에서 일어난 망상임을 깨달아야 한다. 자기를 기준에 두고 마음공부를 하는 것이 아니라, 법을 바탕에 두고 공부해야 한다. 모든 것의 당처가 바로 이것임이 세밀하게 밝혀져야 한다.

이때 문제가 되는 것은 어떤 일이 일어나느냐 일어나지 않느냐가 아니라, 현상을 둘로 나누고 있느냐 그렇지 않느냐이다. 그 기준이 바로 망상임을 깨닫는 일이다. 분별 기준은 밖에 있지 않고 자기 마음에 있다. 자아를 중심에 두고 선택하고 버리는 일에 집착하고 있기에 진실에 밝지 않다. 모든 분별의 출처가 자기 마음을 벗어나지 않는다는 자각이 오면, 이 기준들이 망상이었다는 사실을 보게 된다.

> 경계와 인연에는 좋고 나쁨이 없고
> 좋고 나쁨은 마음에서 일어난다.
> 마음이 만약 억지로 이름을 붙이지 않는다면
> 허망한 분별심이 어디에서 일어날까?
> 허망한 분별심이 일어나지 않으면
> 참마음이 걸림 없이 두루할 것이다.
> _사조 도신, 경덕전등록 제4권

　체험 이후의 공부에서 이 고비를 넘어가기가 참 어렵다. 이 시기 에고가 주인이 되어 공부하는 대신, 자기를 인연에 내맡기는 쪽으로 공부의 감각이 열리는 것이 중요하다. 모든 괴로움의 핵인 자아가 할 일이 없어져서 힘을 잃어야 한다. 이것은 지금까지 살아왔던 삶의 방식인, 몰아붙이거나 판단하거나 향하거나 회피하거나 합리화하거나 선택하거나 버리는 일과 다른 방식이다. 조작하는 마음을 쉬고, 자기의 판단을 돌아보지 않고, 인연에 순응하는 태도가 자아를 왜소하게 하고, 자아가 할 일이 없어져 자아의 허상이 드러나게 한다.

　마음을 내어서 하는 공부가 아니라 마음이 사라지는 쪽으로 흐름이 바뀌어야 한다. 이런 흐름으로 들어가려면 대상경계의 좋고 나쁜 차별성이 사라지는 깨달음이 일어나야 한다. 처음에 모든 대상이 '이것'임을 체험했어도, 일상생활에서 좋고 나쁜 것이 아무런 차별 없이 하나임이 당연해지는 전환은 쉽지 않다. 모든 것이 있는 그대로 낱낱이 이 마음임이 밝혀지지 않으면, 법에 대한 기준을 세워 조작하거나 합리화하게 된다. "이것도 이것이야."라고 속삭이면서 퉁쳐 버린다. "이 모든 것은 무상한 것들이야.", "이 모양 있는 것들은 때가 되면 사라질 거야.", "나쁜 일이 지나가면 반드시 좋은 일이 일어날 거야. 이 순간을 버티자.", "이 나쁜 일도 이것이야." 등등 합리화하는 언어에 위안을 삼는다. 소음과 조작, 회피가 끝나지 않는다. 체험했는데도 일정한 시간이 지나면 이런 속삭임이 왕성하게 일어나 스스로 어리둥절할 수 있다.

이럴 때 바른 안목을 가진 지도자에게 자기 상태를 꺼내 보여 점검받는 것이 중요하다. 만약 적절한 안내를 받지 않는다면, 체험했을 때 완벽하게 느껴졌던 상태로 돌아가려고 조작을 하게 되고 또다시 체험을 추구하게 된다. '이것'은 완벽한 상태가 아니다. 완벽한 상태도 어떤 상태이기 때문이다. '이것'은 체험을 하든 하지 않든, 완벽한 상태이든 그런 상태가 아니든 이 모든 것을 드러내고 있는 본바탕이자 그것의 본성이다. 따라서 현상적인 변화나 상태에 두었던 마음이 모두 사라져 그것의 본성에 마음을 두는 방향 전환이 일어나야 한다. 그것은 좋고 나쁜 경계가 모두 '이것'임을 깨달을 때 저절로 일어나는 전환이다.

체험을 하고 3, 4년 가까이 일 없이 지냈다. 공부하기 이전의 패턴이 많이 달라져 지인들과 연락도 뜸해지고 오직 마음공부를 하는 도반들과 어울리면서 공부하는 즐거움을 느꼈다. 웬만한 일에서 모든 것이 이 일임을 환기하면 쉽게 넘어갔다. 그러던 중 갑자기 집안의 가세가 기울어 어쩔 수 없이 시어머니를 모시고 살게 되었다. 온종일 마음을 써야 하는 사람과 한 공간에 살면서 같은 공기를 마시고 호흡한다는 것이 여간 불편하지 않았다.

일거수일투족에서 불편함이 일어나면 '그것도 다 이거야.'라고 챙겼다. 그러면 그 순간은 아무 일이 없는 것 같았다. 그런데 그 시간이 길어지면서 몸에 이상이 오고 잠이 안 오기 시작했다. 공부가 깊어지면 점점 더 고요해지고 편안해지는 방향으로 가야 할 것 같은데 그렇지 않았다. 예기치 않게 큰 경계를 만나니 공부가 힘을 쓰지 못했다. 불편한 경계 속에서 긴장하며 사는 일도 이치로는 다 이 일임을 알 수 있었다. 그러나 진정 그것을 받아들이지는 못했다. 몸이 병들어 갔다. 불면증이 깊어지면서 이 자리가 잘 챙겨지지 않았고, 불편한 경계가 놓아지지 않았다. 하루하루가 지옥 같았다. 잠이 들고는 다음 날 눈이 떠지지 않기를 바랐다. 밤만 되면 불안했고 두려웠다. 결혼생활을 끝내고 싶어도 어린 자식을 생각하면 그럴 수 없었다.

> 이 도리는 마치 강아지가 뜨거운 기름 솥을 보고 있는 것과 같아서 핥고 싶어도 핥을 수가 없고, 버리고 싶어도 버릴 수가 없습니다.
> _간화선 창시자의 선, 김태완, 침묵의향기

대혜종고 선사가 본성을 체험하고 나서 스승 원오극근 선사가 제시한 "있다는 구절(有句)과 없다는 구절(無句)은 마치 등나무 덩굴이 나무에 기대어 있는 것과 같다."라는 말씀에 꽉 막힌 심경을 표현한 말이다. 죽지도 못하고 살지도 못하는 나날의 심경은 이보다 더했다. 나아갈 길이 딱 두 갈래만 보이는데, 이 두 길이 모두 꽉 막혀 있었다. 그러니 이러지도 못하고 저러지도 못했다. 이런 날이 길어지자 공부에 문제가 있다고 생각하지 않을 수 없었다. 공부가 깊어지면 깊어질수록 걸림이 없다는데, 오히려 공부하지 않을 때보다 더 고통스러웠다. 법문을 들어도 들어오지 않았고, 선생님께 말씀을 드려도 속이 시원하지 않았다. 나름대로 이 자리를 챙겨 보면 스스로 부정할 수는 없었다. 법문에서 이 마음자리를 가리킬 때 와닿았고 실감은 났다. 이것에 대한 의심은 없어서 거짓으로 체험한 것 같지는 않은데, 마음은 지옥 같았다. 그때 대혜종고 선사의 《서장》을 위안 삼아 한 장 한 장 읽고 있었는데, 선사의 한마디 말에서 내 공부의 가로막힌 곳을 보게 되었다.

> 편지에 말씀하시길, 제가 보내드린 지난번 편지를 받으신 이후로 시끄러운 가운데 피할 수 없는 곳을 만날 때마다 늘 스스로 점검하지만, 아직 공부에 힘을 쓰지 못하고 있다고 하셨습니다. 다만 피할 수 없는 곳이 바로 공부가 끝나는 곳입니다. 만약 다시 힘을 써 점검한다면 도리어 멀어질 것입니다.

_대혜서장, 진소경 계임에 대한 답서, 김태완 역주, 침묵의향기

  진소경 계임의 상태가 나의 상태를 연상시켰다. 선사는 '피할 수 없는 곳', 즉 불면의 고통과 괴로움, 일상에서 경험하는 온갖 괴로운 경계가 바로 '이것'임을 가리켜 보였다. 나는 고요한 상태의 그것만 본래마음이라고 착각하고 그것에 집착하고 있었다. 공부하면서 나도 모르게 공부는 고요한 것이고 일이 없는 것이어서 공부할수록 그리되어야 한다는 법상을 짓고 있었다. 이게 알음알이와 감정의 장애였다. 고요함에 대한 집착, 편안함에 대한 탐닉, 그것을 유지하려는 마음의 조작을 하고 있었다.

  그런 상태에서 죽을 것 같은 경계를 만나니 마음의 조작이 통하지 않았다. 놓아 버리고 싶어도 놓이지 않았고, 다른 경계로 바꾸고 싶어도 바뀌지 않았다. 당장 잠이 오지 않고, 심장은 두근거리고, 어디에 가도 마음 놓고 쉴 자리가 보이지 않았다. 부정적인 감정이나 생각을 놓아 버리려고 해도 놓이지 않아 내가 원하는 고요함과 안정감을 유지할 수 없었다. 그 극한 감정과 생각은 내 통제 범위를 넘어설 정도로 강력했다. 몸은 점점 말라 가고 죽음에 대한 공포는 더 커졌다. 나중에 알게 된 일이지만, 나는 그동안 진리보다는 공부가 가져오는 편안함에 집착하고 있었다. 스스로 법상에 갇혀 있었다. 피할 수 없는 곳을 만나 피하려고만 했지, 이 피할 수 없는 경계의 당처가 바로 '이것'이라는 자각이 없었다. 모든 피할

수 없는 경계, 피하고 싶은 경계가 '이것'이었고, 그 아닌 경계도 모두 이 마음을 벗어나지 않았다.

그 이전에는 고요한 경계나 즐거운 경계가 일어나면 아무런 문제를 못 느끼다가 시끄러운 경계가 나타나면 이 경계를 버리고 고요한 마음자리를 챙겼다. 그러다가 죽을 것 같은 경계를 만나자 이런 챙김이 불가능했다. 이 극한 장벽에 부딪혀서 이러지도 저러지도 못할 때 문득 대혜 선사의 한마디에서 온갖 경계가 모두 한 마음을 벗어나지 않았다는 자각을 하게 되었다. 피할 수 없는 경계, 즉 모든 부정적인 경계마저 '이것'이라면, '이것' 아닌 것이 없어서 취할 것도 없고 버릴 것도 없었다.

피할 수 없는 경계, 피하고 싶은 경계가 '이것'임을 자각하지 못한다면, 계속 고요하고 일 없는 상태에 집착하여 이 상태를 유지하려고 챙겼을 것이다. 원치 않는 경계가 나타날 때마다 그 경계를 버리는 조작을 했을 것이다. 그런데 조작하려고 하면 할수록 장벽에 가로막히니 대혜 선사가 말한 "피할 수 없는 곳이 공부를 마칠 곳이다."라는 한마디 말이 마음에 꽂혔다. '아! 내가 피하려고 했었구나. 고통스러운 경계는 진리가 아니라고 여겼고, 그 아닌 것이 공부라는 집착을 하고 있었구나!'

바로 지금 이 피할 수 없는 이 경계 자체가 손댈 필요 없는 마음이었다. 그러고 보니 어떤 경험도 마음을 떠난 것이 없었다. 모든 것 그 자체가 법이었다. 모든 것이 '이것'이라면 법은 어떤 상태도 아니다. 법은 생각이 아니고 감정 상태도 아니다. 그동안 나도 모르게 법에 관해 규정하여 그 관념과 상태에 사로잡혀 있었다. 법은 생각을 떠나 있고 상태를 떠나 있다. 법은 말할 수 없고, 취하거나 버릴 수 없다. 마음속에서 '공부는 이래야 한다 저래야 한다.' 하는 것이 모두 망상이었다. 경험하는 것이 무엇이든 그것의 당처가 이것이어서 어떤 합리화도 속삭임도 있을 수 없다. 그냥 모든 경험이 바로 '이것'이었다.

> 옛날에 어떤 승려가 한 노숙에게 물었습니다.
> "세계가 이렇게 뜨거운데 어느 곳으로 피해야겠습니까?"
> 그 노숙이 말했습니다.
> "펄펄 끓는 가마솥과 이글이글 불타는 화로 속으로 피하라."
> 이에 그 승려가 물었습니다.
> "그런데 펄펄 끓는 가마솥과 이글이글 불타는 화로 속으로 어떻게 피하겠습니까?"
> 그 노숙이 답했습니다.
> "온갖 고통이 이를 수 없다."
> _대혜서장, 유시랑 계고에 대한 답서(2), 김태완 역주, 침묵의 향기

피하고 싶고 버리고 싶은 경계, 바로 그 속이 고통이 이를 수 없는 곳이다. 본래 모든 두려움과 두려움을 느끼는 나는 하나다. 두

려움과 나는 이 마음에서 일어난 감정이고 자의식이다. 그런데 우리는 내가 그 경험을 마주하고 있다고 착각하여, 나를 그 경험과 분리시킨다. 그 분리 속에서 다시 문제를 해결하려고 한다. 바로 그 두려움 속, 즉 두려움과 내가 분리되지 않은 이곳이 온갖 두려움이 미치지 못하는 곳이고, 두려움을 느낄 나도 없는 곳이다. 두려움의 장애를 극복하는 것은 두려움으로 들어가 두려움과 하나 되는 것이다. 나를 두려움과 분리시키면 두려움이 마왕처럼 힘을 발휘하지만, 두려움으로 들어가면 마왕도 어찌하지 못한다. 거기에는 두려움도 없고, 두려움을 느낄 나도 없고, 마왕도 없기 때문이다.

    이것은 체험적 전환이고 깨달음이다. 이것은 수행이 아니고 연습이 아니다. 문득 두려움이 이 마음에서 일어나고 있음이 보일 때 몹쓸 것으로 여겼던 두려움을 진리의 현현으로 보게 된다. 두려움의 당처에는 두려움이 없다는 사실이 드러난다. 모든 경계에는 그것이 없다는 것이 드러난다. 모든 경계의 당처가 바로 '이것'이라는 사실이 드러난다. 이것에 눈을 떠야 더는 경계와 씨름하지 않게 된다. 이런 분리의식과 감정 상태에서 깨어나는 체험이 일어나면, 저절로 조작을 쉬게 되고 모든 두려움에서 법을 보게 된다. 이런 강력한 경계, 죽을 것 같은 경계에서 안목이 열리면, 이와 같은 구조의 현상적인 장벽은 한꺼번에 무너진다.

그런 깨달음이 있고 나니 저절로 조작이 쉬어졌다. '불편해도 아무 문제가 없는 거구나!', '잠이 안 오더라도 법은 끄떡하지 않는구나!', '모든 경험이 불법이구나!', '이것은 나의 상태와 상관없이 항상 변함없구나!' 죽을 것 같은 경계에 부닥쳐, 거기에서 좋고 나쁜 것을 가르는 분별 기준이 무너지자, 그 밖의 모든 분별 기준도 일시에 무너졌다. 마치 도미노 게임에서 한 조각이 무너지자 모든 조각이 잇따라 무너지는 것과 같은 체험이 일어났다. 좋고 나쁜 것, 옳고 그른 것, 행복하고 불행한 것, 아름답고 추한 것, 여자와 남자, 사람과 사람 아닌 것, 나와 세계, 선과 악 등등 이원성을 구축하고 있던 현상의 모든 차별 기준이 일시에 허물어졌다. 대상의 차별성이 사라지는 전환이 왔다. 나의 가치 기준이나 지향, 취하고 버림, 행복과 불행에 상관없이, 이 마음이 모든 것을 다 머금고 토해 내고 있었다. '나'를 기준으로 보았을 때는 둘이지만 본질적으로 모두 평등했다.

이런 체험이 오자, 시야가 끝 간 데 없이 넓어지는 전환이 왔다. 이전에는 따로 두었던 것들을 예외 없이 하나로 보게 되었다. 모든 경계가 허용되었다. 피하려고 했던 것을 있는 그대로 보게 되었다. 이것저것 구분 짓던 기준이 무너지고 나니 법에 관한 생각이 잘 일어나지도 않았다. 습관적으로 일어나더라도 모두 망상임을 알고 내버려 두었다.

고요함만 법이 아니고, 일 없음만 법이 아니었다. 선사들이 말한 '일 없음'이 편안함이 아니었다. 내가 바랐던 편안함, 내가 세웠던 일 없음은 어떤 감정 상태였다. 그런데 진정한 일 없음, 진정한 편안함에는 일 없다, 편안하다는 것조차 없었다. 공부가 더 깊어지는 변화였다. 어떤 일이 일어나든, 물결이 어떻게 치든, 그것은 의미가 없었다. 다 모습이고 무상하였다. 그러나 그 모든 모습의 당처는 어느 것에서나 똑같았고 변함이 없었다.

삶의 장애는 어떤 현상이 일어나느냐 일어나지 않느냐에 있지 않았다. 일어난 현상에 관해 기준을 세워 판단하고 취사하는 조작심이 장애였다. 어떤 현상이 일어나든 그 모든 것이 하나임에 밝지 못해, 취하고 버리고 유지하려고 안간힘을 썼던 것이 마음을 피곤하게 했다. 그것이 뜻대로 되지 않을 때 괴로움을 느낀다. 그러나 그것은 인연 따라 저절로 일어나는 것이지 나의 일이 아니다. 생각이나 감정, 감각 등 일어나는 현상은 내가 통제하거나 제거할 수 있는 것이 아니다. '나' 또한 여기에서 일어나는 습관화된 생각일 뿐이다. 결국, 실상에 어두운 것이 고통을 초래했다.

더 철저하게 본질로 돌아가는 내적 변화가 일어났다. 어떤 현상이 일어나든 사라지든, 붙잡거나 의미를 부여하는 마음이 없어졌다. 그 모든 현상이 이 마음 하나임이 밝혀지자 저절로 마음이 대상에 머물지 않게 되었다. '머무는 바 없이 마음이 난다.'라는 《금강경》의 말이 저절로 현실이 되어 갔다. 간혹 원치 않는 경계가 일어나면 움찔하고 습관적으로 긴장하게 되었지만, 금방 경계심을 풀고 상대하지 않았다. 좋고 나쁜 경계라는 판단이 일어나지 않는 것은 아니지만, 더는 그 판단에 끌려가서 조작하지 않게 되었다.

  점점 조작이 쉬어지는 쪽으로 나아갔다. 저절로 무심(無心)이 되어 갔다. 실상에 밝아져야 조작이 쉬어진다. 조작을 쉬려고 하면 이 쉬려는 마음이 분별조작이다. 깨달음의 체험이 일어나야 저절로 무위(無爲)의 행이 된다. 저절로 조작이 멈추어지고, 노력이 사라지고, 피곤함이 사라진다. 저절로 모든 것을 있는 그대로 맛보게 되고, 바라는 것이 사라진다. 이런 쪽으로 마음공부의 방향이 바뀌는 내적인 변화가 반드시 일어나야 공부가 한층 깊어지고 흔들림이 없어진다. 본성을 체험하고 난 뒤에 경험한 가장 큰 고비였다.

  붓다는 '삶은 괴로움'이라고 말씀하셨다. 깨어나지 못했을 때의 삶은 이원성에 갇혀 있다. 행복할 때와 불행할 때가 너무도 극명하게 나뉜다. 활짝 밝은 태양 아래를 지나가는 듯하다가, 먹장구름이 잔뜩 낀 하늘 아래를 지나가는 듯하다. 비바람이 치는 인생길을 걷는 변화가 밀물과 썰물처럼 다가온다. 우리는 밝은 태양 아래를 걸을 때는 행복해하고 당연하게 여기지만, 바람이 불거나 비바람이 치면 당연하지 않다고 여기고, 얼른 비바람을 걷히게 해 줄 일에 매진한다. 행복할 때는 당연한 것이고 그렇지 않을 때는 문제가 되는 것이다. 그러나 태양이 밝게 비치든 비바람이 치든 허공은 변함이 없다. 모든 것이 허공 속에서 일어나고 있는데, 우리는 그 내용에 사로잡혀 오고 감이 있다고 착각한다. 구름, 비바람도 따로 있는 것이 아니어서 잡을 수도 없고 버릴 수도 없다. 그 속을 들여다보면 모두 허공이다. 그런데 이런 실상에 어두우면 자기를 기준으로 모양을 따라 판단한다. 좋다 나쁘다, 옳다 그르다, 행복하다 불행하다. 이 모든 게 마음에 비친 영상임을 깨닫는다면 무슨 현상이 펼쳐지든 연연하지 않게 된다.

마음공부라는 것은 지금 없는 안정감이나 지금 없는 행복을 찾는 게 아니다. 모든 것이 하나인 본래성품에 밝아지면 본래 아무 일이 없는 현실에 눈뜨게 된다. 그래서 바깥 경계를 향해 나가는 것이 아니라, 본래마음을 깨달아 그것에 밝아지는 공부다. 본래마음은 이미 갖추어져 있으므로 이것을 가리고 있는 관념이나 집착에서 풀려나는 일이다. 바깥 경계가 문제가 아니라 그 현상에 사로잡혀 취사선택하는 것이 장애다.

이런 마음의 실상에 밝아지려면 마음에 관심이 있어야 한다. 마음에 밝아질수록, 드러나는 현상은 실체가 아님이 자각된다. 점점 집착이 사라지고, 조작이 쉬어진다. 죽을 것 같은 장벽에 부닥쳐 깨어나든, 공부에 관심을 두다가 때가 되어 저절로 깨어나든, 좋고 나쁜 경계가 이 마음 하나라는 안목이 열려야 한다. 바깥 경계에 관심이 새 나가고 있다면 공부는 더이상 깊어지지 않는다. 본래마음으로 돌아갈수록 대상의 무상함이 더욱 자각된다. 무상함이 자각되면, 마치 겨울나무가 봄의 새싹과 여름의 무성함, 가을의 과실을 모두 떨구고 벌거벗은 몸만 남듯이, 대상에 대한 분별집착심도 녹아내려 마음이 투명해진다. 마음이 맑아지면 세밀한 집착심도 저절로 보여 깨어나게 된다.

> 약산이 마조를 곁에서 모시고 지내기를 3년이 지났는데, 하루는 마조가 물었다.
> "그대는 요즈음 깨달은 곳(見處)이 어떤가?"
> "피부가 다 떨어져 나가고 오직 하나의 진실이 있을 뿐입니다."
> "그대가 얻은 것은 마음의 본체에 합하고 사지에 두루 퍼졌다고 할 만하다."
> _마조어록

공부가 정밀하게 나아가 안목이 날카로워져야 한다. 미흡함이 모두 사라지는 분명한 깨어남이 있다. 여전히 미흡하고 삶에서 따로 느껴지는 것들이 있다면 아직 안목이 활짝 밝아진 게 아니다. 스스로 아주 솔직해야 하고 법을 세밀하게 보아야 한다. 공부를 하다 보면 삶에 큰 문제가 없어져서 공부가 이만하면 됐다고 생각할 수도 있다. 그러나 진정으로 밝아졌다면 염두에 두는 것이 하나도 없어져서, 마음이 있는지 없는지, 내가 있는지 없는지 모르게 된다. 온 세상이 한눈에 들어오는 전환이 일어나고, 온 세상이 있는 그대로 텅 빈 하나로 걸림 없이 통하는 변화가 일어난다.

> 채찍과 고삐를 때때로 몸에서 떼어 놓지 않는 것은
> 그가 함부로 티끌먼지 속으로 들어갈까 두려움이라.
> 서로 이끌어 길러서 온순하면
> 굴레를 씌우지 않아도 스스로 사람을 따르리.
> _곽암 화상, 십우도 중 '소를 길들이다'

소는 전체인 본성이 드러난 정도를 나타낸다. 분별되는 것들이 이것임이 밝혀지면서, 따로 두고 있던 분별심이 조복될수록 소는 커진다. 이 소가 어린 소에서 점점 큰 소가 되어 전체가 되어 간다. 전체가 드러나기 전에는 본성이 부분, 즉 한 마리 소로 보일 수밖에 없다. 아직 깨어나지 않은 분별심이 전체성을 가리고 있다. 법에 대한 집착심, 자기에 대한 집착심이 남아서 전체가 있는 그대로 드러나지 못했다. 본성에 마음을 두고 지내는 시간이 길어질수록 본성에 익숙해지고, 익숙해질수록 법이라는 생각과 집착심, 자기를 따로 두고 있는 분별심이 점점 힘을 잃는다. 나와 내가 집착하고 있는 대상이 모두 이 마음의 표현임이 드러나면, 소는 부분이 아니라 전체가 된다.

모든 분별의 뿌리는 주객관의식이다. 자아의식이 생기면서 대상의식이 동시적으로 생긴다. 이런 주객관의식에서 깨어나려면 분별에 물들지 않는 본성 자리가 드러나야 하고, 본성이 드러나고 나서는 자기를 돌아보지 않고 이 속으로 녹아들어야 한다. 소가 사람에게 길드는 것이 아니라, 사람이 소에 익숙해지고 젖어들게 된 다는 비유가 적절하다. 이후 '기우귀가(소를 타고 집으로 돌아오다)'에서 사람이 소의 등에 올라타 맡겨 버리듯이, 자아의 조작을 쉬고 인연의 흐름에 맡겨진다.

이 시기에 모든 것을 내맡기는 여정에 들지만, 처음부터 쉽게 내맡기지는 못한다. 법에 관한 이런저런 생각에 매였다가 풀려나기도 하고, 자기도 모르게 감정에 묶였다가 놓아 버리기도 한다. 오락가락할 수 있으나 시간이 지나면서 점점 그 실수는 줄어든다. 시행착오와 실수를 통해 공부의 감각을 얻게 되고, 일상 속 모든 경험에서 법에 밝아진다.

안목은 실수를 통해서 생겨난다. 분별심이 남아 있는 상태에서는 자기도 모르게 조작하는 마음으로 공부를 하려 든다. 그러나 생각이 개입되어 마음공부를 하게 되면 찜찜하고 자연스럽지 않다. 조작 없는 마음을 체험했기에 이 감이 생겨서, 조금이라도 조작이 들어가면 불편함이 느껴진다. 푹 쉬어지는 체험을 하고 이 자리에서 생활하다 보면, 분별하지 않는 마음이 어떤 것인지 온몸으로 안다. 분별없는 마음으로 행하면 자연스러운데, 조작을 하면 불편하다. 자기 내면에 저절로 형성된 균형감각을 믿고 따르다 보면, 모든 인연에서 법을 보게 된다.

시간이 지날수록 밖에서 헤매는 일이 줄어든다. 추구심이 사라지고 집착심이 떨어진다. 찾거나 지킬 것이 없는 쪽으로 마음이 쉬어진다. 분별하는 마음으로 방황과 실수를 하다가 본래마음으로 되돌아오는 일이 반복될 때마다 법을 보는 눈이 점점 날카로워지고 분별에 민감해진다. 작은 분별도 잘 보게 된다. 처음에는 분별에 사로잡혀 행동하는 자신을 보고 실망할 수 있다. 그러나 이런 방황과 실수는 누구나 겪을 수 있다.

점점 분별심에 사로잡힌 행동이 줄어들고, 분별하는 말이 줄어들고, 분별하는 생각이 잘 일어나지 않는다. 분별심이 점점 힘을 잃어, 행동할 때 알게 되고, 말할 때 알게 되며, 생각이 일어날 때 분별심에 빠졌음을 저절로 알게 된다. 이런 모습이 자각되면서 슬로 모션을 보는 것처럼 분별들을 세세히 보게 된다. 안목은 이런 과정을 통해 길러지는 것이다. 분별대상이 보이면 그 대상에 잘 사로잡히지 않게 된다. 이런 변화를 경험하면서 일 없는 즐거움을 알게 되고, '진실한 것은 이것밖에 없구나.' 하며 점점 확신이 생겨 더 이상 이 공부를 의심하지 않게 된다.

이 시기 무력감이 느껴질 수도 있다. 좋고 나쁜 것이 다른 일이 아니라는 자각이 오더라도, 여전히 좋은 것을 향하고 나쁜 것은 피하고 싶은 마음이 일어난다. 그러나 법이 밝아질수록 좋은 것에 집착하는 마음이 쉬어지고, 나쁜 것을 피하려던 습관이 멈추게 된다. 본래 나 자신의 본성은 에고가 아니라 이 본래마음이다. 이 본래마음에는 무기력도 없고 활력도 따로 없다. 모든 것의 본성에는 무엇이라고 할 게 아무것도 없다. 자아감에서 깨어나게 되면 이 시기 무기력은 자아의 무기력이지 법의 무기력이 아니었음을 알게 된다. 무기력은 대자유를 향한 여정에 자아감이 사라지고 있다는 증거다. "크게 한 번 죽어 모든 것이 끊어지고 난 후 다시 살아난다."라는 말이 있다. 무기력은 아직 다 죽지 않았기 때문에 느끼는 감정이다. 모든 분별심에서 깨어나면 이 삶은 본래 생기발랄하면서도 걸림이 없고 가볍고 일이 없다는 것을 알게 된다.

감정의 분별에서 벗어나기가 쉽지 않다. 생각의 바탕이나 감정의 바탕이 하나라는 것이 드러났더라도 삶 속에서, 낱낱의 경계에서 자유롭고 힘을 얻는 것은 또 다른 차원의 일이다. 체험한 것이 온몸과 마음에 배어들어 행동 하나하나에서 걸림이 없어지려면 마음속에 따로 두고 있는 것이 없어야 한다. 모든 대상이 바로 이것이라는 철저한 자각이 일어나야 한다. 낱낱이 이 마음임을 확인하게 되면 그 모든 것의 밑동이 빠져나가 실체가 없는 것으로 전환된다. 항아리의 밑이 빠지면 물을 담고 곡식을 담아도 담기지 않는 것처럼, 경험하는 그때뿐 어떤 것도 남아 있지 않다. 거울 속 모든 모습이 본래는 거울 하나일 뿐이듯이, 분별할 수 있는 모든 것은 이 알 수 없는 마음일 뿐이다.

마음공부란 우리 삶의 모든 일이 이 마음의 일임을 깨닫고, 고착된 분별심에서 철저히 깨어나는 여정이다. 이 자리를 문득 체험한 것과 낱낱이 이것임이 분명해지는 깨어남은 차원이 다르다. 문득 본성을 체험하면 분별대상에서 벗어난 자리, 번뇌가 물들지 않는 자리가 드러난 것이지만, 분별을 하면 여전히 휘둘리게 된다. 그러나 모든 경계가 바로 이 마음임을 남김없이 깨달으면, 온갖 경험을 하더라도 다른 일이 없어 마음이 움직이지 않게 된다. 본성 체험 이후의 공부는 모든 것이 '이것'임이 명백히 밝혀지는 여정이다. 이것이 분별심을 철저히 항복시키는 여정이며, 이를 《금강경》에서는 중생을 제도하는 일이라 표현했다.

이전까지는 자기가 공부를 이끌고 온 느낌이 남아 있었다면, 이때부터는 '나'를 인연에 완전히 맡겨 버리는 쪽으로 넘어간다. 어떤 인연도 본질적으로 다르지 않다는 자각이 일어나면 저절로 조작을 멈추게 된다. 이런 흐름으로 들어가는 것이 공부 길을 제대로 가는 것이다. '나'라는 존재는 뒤로 물러서고 나의 힘은 빠지는 흐름에 들어간다.

또 공부가 깊어지고 미세한 장애에서 벗어나려면 자신의 공부에 대해 솔직해야 한다. 자기 공부의 부족함을 인정하고, 이 길을 안내하는 지도자에게 자기의 장애를 꺼내 놓을 수 있어야 한다. 그래야 자기 병에 맞는 처방을 받을 수 있다. 솔직함은 그 자체로 에고의 힘을 약화시킨다. 에고는 어떤 것이 진실이냐에는 관심이 없고, 어떤 것이 자기에게 유리한가에 초점이 맞추어져 있다. 있는 그대로를 보기보다는 어떻게 하면 이로운가, 어떤 것이 내가 바라는 것인가를 보게 한다.

그런데 솔직함은 나에게 맞추어진 것이 아니라, 있는 그대로의 진실에 맞추어져 있다. 자기 내면의 있는 그대로, 조작하거나 판단하지 않고 있는 그대로를 보고 받아들이는 것이 솔직함이다. 자기 상태를 은폐하거나 외면하는 것은 솔직함이 아니다. 솔직하려면 용기가 필요하다. 자기를 돌아보지 않아야 한다. 어쩌면 마음공부란 모든 것에 솔직해지는 것일지도 모른다. 지금까지 살아오면서 스스로 솔직하지 못했다. 관념의 옷을 입고 감정의 외피를 두르려고 했다. 스스로 솔직해질수록 이런 외피들이 벗겨진다. 관념에서 벗어나 있는 그대로가 적나라하게 드러난다. 모든 분별에서 깨어나 있는 그대로가 남김없이 드러난다. 자기에게 솔직하고 선의 스승에게 솔직할 수 있다면 공부는 저절로 익어 갈 것이다.

이제 자기를 놓아 버리는 여정에 본격적으로 들었다. 좋고 나쁜 경계가 나타나면 그때그때 최선을 다하지만, 그것뿐이어서 마음이 어디에도 남아 있지 않다. 자기에게 주어진 역할, 자기 앞에 벌어진 일을 편견 없이 보고, 집착 없이 행하여 마음에 두지 않는 쪽으로 살아가게 된다. 자아가 행하는 것이 아니라 저절로 삶이 흘러가는 느낌이다. 마치 거대한 삶의 흐름에 자신을 내맡긴 듯하다. '흐름에 든다는 표현이 이런 것이구나.' 공감하게 된다. 판단을 내려놓고 인연의 흐름에 맡기면서, 모든 일이 저절로 이루어지고 있음을 경험하게 된다. 이런 변화를 호기심을 갖고 보게 된다. 자기가 주인공이 되어 조작하던 삶보다 더 여유롭고 신비한 느낌이 든다. 조작을 놓아 버리니 거기에 더 큰 자유와 풍요로움이 있다.

6
끝 간 데 없이 펼쳐진
의식 하나

'모든 차별 현상이 분리 없는 하나'라는 자각이 일어나자 공부가 한 차원 달라졌다. 무슨 경험을 하든 똑같아서 취사선택하거나 회피하지 않게 되었다. 생각이나 감정이 일어나면 일어나는 그대로 두었다. 내가 법을 위해 할 일이 아무것도 없었다. 옳고 그른 생각이나 좋고 싫은 감정은 올라왔지만, 그 모든 것의 본질이 똑같아서 손댈 수 없었다.

 좋거나 싫은 마음은 그동안 살아온 습관의 잔재처럼 보였다. 그런 마음이 일어나도 나의 일이라거나 특별하다는 생각이 없었다. 마치 바람이 불면 나뭇잎이 흔들리듯 어쩔 수 없는 현상이었다. 스스로 이런 차별경계에 얽매여 살아왔다는 것이 잘 보였다. 이제 보니 손댈 일이 아니었고 손댈 수가 없었다. 지금 직면한 도를 버리고 다른 곳에서 도를 찾을 이유가 없었다. 어떤 물결이 치든 그 모든 것이 물이듯, 자아를 기준으로 나뉜 좋고 싫은 감정, 옳고 그른 판단의 물결도 모두 법이고 도이고 물이었다. 저절로 인연에 내맡기게 되었다.

밖으로 많이 새 나갔던 마음이 근본자리에 있었다. 오로지 여기에 마음을 두니 대혜 선사가 말한 '낯익은 데서 낯설어지고 낯선 데 낯익어지는' 흐름에 더욱 깊이 들어갔다. 삶도 돌아보지 않았고, 감정이나 생각도 돌아보지 않았다. 시시때때로 일상생활 속에서 갈등도 일어났고 아프기도 했지만, 그 일을 가지고 문제를 제기하기보다는 모두 이 마음으로 보았다.

모든 괴로움과 갈등이 다 망상이었다. 저절로 무심이 되고, 저절로 머물지 않게 되었다. 마치 시간을 낚는 낚시꾼처럼 일상 속에서 머물지 않고 걸리지 않게 되었다. 고요 속으로 침잠해 들어갔다. 세상은 달라진 게 없는데 세상이 점점 고요해졌다. 시끄러움은 저 밖에 있는 게 아니라 내 마음 안에 있었다는 것을 실감하였다. 여전히 좋은 일도 일어나고, 나쁜 일도 일어나고, 판단이나 조작하려는 마음도 일어났지만, 멀거니 바라보게 되었다. 그 모든 것이 있되 있는 게 아니었다. 현상적인 차별에서 깨어나기 시작하니 저절로 살아졌다.

"말한 대로 행을 닦아야 불법을 얻을 것이니, 입으로 말만 하여서는 깨끗할 수 없다. …… 생각의 구속이 먼저 사라지고, 욕심

---

1) 색계(色界): 삼계(三界)의 하나. 욕계와 같은 탐욕은 벗어났으나 아직 무색계와 같이 완전히 정신적인 것은 되지 못한 중간의 물질적인 세계를 말한다.

의 구속, 색계¹⁾의 구속, 무색계²⁾의 구속이 점점 희미해진다. 끝없는 세월에 축적하지 않으므로 삿된 탐욕, 삿된 성냄, 삿된 어리석음이 모두 끊어지고 모든 선근이 점점 더 밝고 깨끗하다."

_화엄경, 십지품, 발광지

어떤 일을 경험해도 마음에 쌓이지 않으면 화낼 일이 없고, 어리석지도 않게 된다. 좋고 싫은 분별이야 살아온 습관이어서 어쩔 수 없지만, 그 모든 것이 하나라는 자각이 열리므로 취사선택하지 않게 된다. 그래서 싫은 상황을 그대로 감당해야 하는 느낌이 들기도 한다. 이것이 인욕바라밀이라고 할 수 있다.

여전히 에고는 남아 있다. 그런데 에고가 힘을 쓰지 못하면서 스스로 모욕을 당하는 느낌이 들기도 한다. 때론 부당하고 상처받고 손해 보고 짓밟히는 느낌이 드나 그런 판단이나 감정에 동조하지 않고 인연에 맡기게 된다. 이런 여정이 깊어질수록 모욕감도 잘 일어나지 않는다. 좋은 것은 얻고 나쁜 것은 버리는 조작이 멈추면, 자아의 존재감이 자연스럽게 줄어든다. 이것이 탁마이고 제련이고, 얼음이 녹는 여정이라고 할 수 있다.

분별심과 불심(佛心)이 씨름하다가, 집착이 없는 불심으로 돌아가는 흐름에 든다. 처음에는 힘겨운 느낌이 들지만, 시간이 지날수

---

2) 무색계(無色界): 삼계(三界)의 하나. 육체와 물질의 속박을 벗어나 마음과 정신만이 존재하는 정신적 사유의 세계로 색계 위에 존재한다.

록 편안한 견딤의 시간을 갖는다. 모든 차별 현상이 본래 다른 일이 아니라는 깨어남이 일어나면, 마음의 애씀, 심적인 노력이 사라져 삶이 훨씬 가볍다. 현상이 달라졌다기보다는 분별심이 녹아내리고 있기 때문이다. 근원에 밝아져 삶의 참모습에 눈을 뜰수록 삶은 점점 아무 일이 없는 가벼움으로 느껴진다. 참으로 놀랍고도 미묘한 변화다. 겉으로 보기에는 달라진 게 별로 없다. 그러나 삶은 다른 차원으로 진입한다. 한결 가볍고 일이 없다. 하늘과 땅 차이로 다르게 보이던 것들도 모두 진실 하나로 보인다.

자기를 놓아 버리고 인연에 맡기는 공부가 어떤 것인지 내면에 감각이 생긴다. 이런 공부가 깊어져야 어느 순간 주관과 객관이 따로 없다는 자각이 일어난다. 시간이 지날수록 분별망상에 사로잡히는 습관은 힘을 잃고, 흔들리지 않는 마음과 예리한 안목이 열린다. 마음이 안정될수록 미세한 분별들이 잘 보이고, 미세한 분별들이 잘 보일수록 끌려다니지 않아 마음이 안정된다. 마음의 안정과 법을 보는 안목이 서로 조화를 이룬다. 마치 자전거의 한쪽 페달을 밟으면 다른 쪽 페달도 덩달아 돌아가듯이 서로가 힘이 되어 공부가 깊어진다. 원래 이 둘은 한마음의 두 가지 측면이다.

〈십우도〉의 기우귀가(騎牛歸家, 소를 타고 집으로 돌아오다)는 이전 단계인 목우(牧牛, 소를 길들이다)의 확대이자 심화다. 이전에는 여러 가지 분별집착이 남아 있어서 그것들을 이 마음의 일로 항복시키는 여정이었다면, '소를 타고 집으로 돌아오다'는 자기를 인연에 완전히 내맡기는 내적 전환이다. 그래서 사람은 소에 모든 것을 내맡겨서 어떤 인연에도 아랑곳하지 않는다. 소, 즉 본래마음에 내맡기면 분별을 보는 눈이 점점더 세밀해지면서 마음이 흔들리지 않는다. 이 공부가 더 깊은 차원으로 들어가고 확대된다. 아직 항복되지 않은 에고의 입장에서는 자기를 어디로 끌고 가는지 알 수 없다. 하지만 법의 힘이 커졌으므로 저항하지 않는다. 순간순간 모든 것을 '바로 여기 이것'으로 보고 내맡길 뿐이다.

　소는 바로 여기 이 자리다. 시간과 공간을 초월하여 아무것도 남아 있지 않은 이 본래마음에 더욱 정밀하게 계합해 들어간다. 목동의 즐김은 모든 일을 '이것'으로 보고 어떤 경계에도 마음이 없는 것이다. 여기에 푹 젖어들어 자기 의지를 내맡길수록 소는 점점 커진다. 다른 어떤 현상에도 연연하지 않고 이 마음의 일로 보아 인연에 내맡기면 갈등이 사라진다. 이것이 자기를 항복시키는 여정이자 분별에서 깨어나는 여정이다. 눈앞에 직면한 그대로 외에 마음이 따로 있다면 분별망상이다. 따로 두고 있던 마음자리가 사라지면서 하나의 의식이 끝 간 데 없이 펼쳐진 것처럼 시야가 확대된다.

　〈십우도〉에서 소는 본래마음을 상징한다. 소는 3단계인 견우(소를 보다)에서 출현하여 6단계인 기우귀가(소를 타고 집으로 돌아오다)까지 나타난다. 마음공부를 하는 여정에서 소와 사람은 본래마음인 일원상이 활짝 드러날 때까지 드러나는 경계다. 깨달아야 할 것은 '소'라는 분리된 대상이 아니라, 소와 자아가 모두 사라진 일원상(一圓相)이다.

  소는 일원상이 활짝 열리기 전 미세한 망상이 남아 있어 따로 있는 것처럼 느껴지는 마음이다. 처음에 드러난 소는 아주 작았다. 내가 소를 보았고, 내가 이 자리를 체험한 느낌으로 다가온다. 그래서 처음에는 스스로 이 소를 챙기고 돌보아야 할 것 같은 마음이 든다. 점점 소에 익숙해질수록 자아는 축소되고, 그만큼 법을 보는 안목과 시야는 넓어지고 깊어진다. 자아감이 약해질수록 따로 챙기던 소가 점점 커져서 나조차도 여기에 녹아드는 전환이 온다. 그래서 진정 깨달아야 하는 것은 내가 소를 발견하고 잘 키우는 것이 아니라, 나와 소가 따로 없는 본래마음, 통으로 하나인 마음에 통하는 것이다.

  아직도 소와 사람이 있다는 것은 법이 활짝 밝지 않았다는 증거다. 여전히 법을 대상으로 보고 있다면 자아가 남아 있다. 사람이 있을 때는 소 즉 마음이 대상처럼 느껴진다. 자아감이 남아 있으면 본래마음이 통으로 열리지 않는다. 또 자아감이 남아 있기 때문에 몸이나 감정의 변화에 영향을 받을 수 있다. 여전히 이 몸이 나라는 속박, 타인이 존재한다는 구속이 있다. 안팎으로 대상을 향해 추구하는 마음은 거의 사라졌지만, 이 몸에 밝지 않아 몸이 존재로 보이고 사물들이 따로 있는 것처럼 느껴진다. 많은 집착이 남아 있는 대상에 대해서는 더 예민하게 반응한다. 그래도 모든 것을 돌아보지 않고 여기에 녹아드는 시간을 보내면 '이 몸도 미세하면서도 집요한 분별의식이구나!'라고 자각하는 순간이 온다. 한 도반이 이렇게 말했다.

"이것은 분명해요. 밖으로 추구하고 얻으려는 마음도 쉬어졌어요. 그런데 존재하는 것들이 꿈이나 환상과 같다는 가르침은 실감이 나지 않아요."

존재에 묶여 있기 때문에, 몸이 분별망상이라는 가르침이 받아들여지지 않는다. 그러나 몸은 존재하는 것이 아니라 순식간에 일어난 분별의식이다. 생각, 감정, 느낌, 감각이 일어나지 않으면 몸은 어디에 있는가?

나도 이 시기를 지날 때 눈앞의 컵이 따로 존재하지 않는다는 설법을 들으면 꽉 막혔다. 컵을 들여다보고 만져 보면서, 이 생생한 물건이 실재가 아니라니 놀라웠다. 죽었다가 다시 깨어난다고 해도 이 장벽은 넘어가지 못할 것 같았다. 딱딱한 물질감과 시각적으로 드러나는 색채와 모양이 컵으로서 너무도 분명했다. 컵도 극복하지 못한다면 이 몸이 실재가 아니라는 자각은 이 생애에 일어날 것 같지 않았다. 생사해탈은 멀고도 먼 일이었다. 그럼에도 스승님의 가르침을 믿고 따랐기에 스스로 공부가 부족하다고 여겼다. 모든 것을 인연에 내맡겨서 이 삶이 다할 때까지 공부할 수밖에 없었다. 달리 돌아갈 길이 없었다.

'컵이 있다'라는 것은 '내가 있다'라는 분별과 다르지 않다. 모양으로 존재하는 것, 특히나 시각적으로 드러나고 감촉이 느껴지는 사물은 늘 눈앞에 있는 것 같다. 보이고 만져지는 사물이 있는 것과 이 몸의 존재감은 크게 다르지 않다. 물컹물컹한 살의 감촉, 움직이고 생각하고 맥박이 느껴지고 감정이 올라오는 이것은 컵보다 더 강력한 존재로 여겨진다. 분별대상에 집착하지 않고 있는 그대로 보면, 이 모든 것이 조건적인 결합이라는 것을 알게 된다. 컵이 '컵'이라는 객관적 사물로 존재하기 위해서는 시각적인 감각과 촉각, 컵에 대한 지식과 이름이 어우러져야 한다. 객관적인 사물로서 존재하는 것이 아니라 인식의 결과 컵이 된다.

모든 감각적인 것, 생각, 느낌은 이 마음에서 일어나고 있다. 깨어나 의식이 활동하지 않으면 감각도 없고, 생각도 없고, 느낌도 없다. 지금 이렇게 순식간에 일어난 분별이다. 몸이 존재한다는 고착된 분별의식이 순식간에 작용하고 있다. 마음이 안정되고 분별을 세밀하게 보게 될수록 이 몸도 객관적 실체가 아니라는 것이 보인다. 법이 점점 세밀해지고, 마음에서 일어난 분별이 세밀하게 보이며, 이런 분별의식이 어우러져 대상을 존재로 만들고 있음을 보게 된다. 법을 보는 눈이 날카로워지고 깊어진다. 예전에는 너무도 당연했던 존재들이, 마음공부가 깊어질수록 분별의식의 인연화합임을 보게 된다. 이런 변화는 추구와 집착심을 내려놓고 인연에 모든 것을 맡기다 보면 분별심이 녹아내리면서 저절로 일어난다.

"인연에 따르며, 조작하지 않는다."라는 말이 절실하게 와닿는다. 가르침 중에 삶 속에서 증명된 법문들은 마음에 남지 않게 되지만, 자기 현실에서 증명되지 않는 가르침은 마음속에 남는다. 가르침의 말은 이해를 넘어선 것이다. 실상을 방편적으로 표현한 것임을 잘 알기에 막히면 막히는 대로 그대로 두게 된다. 공부가 무르익어 갈수록 저절로 소화된다. 안내하는 말들이 자기 눈앞의 현실을 말하는 것임을 깨닫게 된다. '아, 그 말이 이 말이었구나!', '이것을 가리키는구나!' 소화되는 순간이 오고, 그때가 되어야 진심으로 받아들이게 된다. 음식이 소화되듯 저절로 받아들여지면, 그 말은 마음에 남아 있지 않다.

모든 가르침의 말은 이 세계의 참모습을 드러내 보인 방편의 말이지, 이해의 대상이 아니다. 소화되지 않은 말들은 의미로 남지만, 소화된 말들은 역할을 다하여 아무런 위력도 없고 자취도 없이 사라진다. 마치 아픈 사람이 약을 먹어서 건강해지면 약 기운이 남아 있지 않은 것과 같다. 이것이 지식공부와 마음공부의 다른 점이다. 지식공부는 지식이 마음에 남아 쌓이고 정리되고 정교해지고 치밀해진다. 법문은 마음의 분별망상심을 녹이고 깨어나게 하며, 깨어나고 나면 아무것도 남지 않게 한다. 그러므로 공부가 깊어질수록 의지하는 말이 없어지고 가벼워지고 밝아진다. 분별심에서 깨어날수록 세상을 보는 눈이 밝아진다. 마음이 곧 세상이고, 세상이 곧 마음이기 때문이다.

  선의 문하에 이런 말이 있다. "하근기가 법문을 들으면 진흙에 도장을 찍는 것과 같고, 중근기가 법문을 들으면 물에 도장을 찍는 것과 같고, 상근기가 법문을 들으면 허공에 도장을 찍는 것과 같다." 법문은 분별없는 마음을 체험하여 사로잡힌 분별심에서 깨어나게 한다. 그런데 분별심에 깊이 사로잡혀 있으면 본래 허공과 같은 세계가 마치 진흙으로 만들어진 세계처럼 이것저것이 따로 있는 존재로 느껴진다. 이때 법문을 들으면 가르침의 말도 따로 있는 것 같아 마음에 새겨진다. 그러나 본래마음을 체험하고 분별심에서 깨어날수록 이 세상은 마치 물과 같고 끝내는 허공과 같은 세계임을 깨닫게 된다. 공부가 깊어 갈수록 법문도 점점 존재감이 사라진다. 법문은 분별심에서 깨어나게 하려는 것이며, 가르침의 말을 통해 마음이 텅 비워지게 하려는 것이다. '마음'이라고 할 만한 것도 모두 분별임을 깨닫게 되면 가르침의 말에서도 모두 깨어나게 된다.

  공부가 깊어지기 전에는 사물의 존재감이 고체처럼 너무도 강력했다면, 깊어지면서 점점 액체와 같고 기체와 같으며 결국 그림자와 같은 것으로 보인다. 존재하는 것이 밖에 있는 것이 아니라, 마음이 분별집착한 결과였다는 것을 깨닫게 된다. 눈에 보이는 사물, 다양한 존재들이 마음에 드러난 그림자와 같다. 착각에서 벗어날수록 마음의 일로 돌아오는 것들이 폭넓어진다. '몸이 나다.'라는 분별심, '어떤 것이 객관적으로 존재한다.'는 분별심에서 깨어난다.

공부하는 사람에 따라 사물의 실체성, 몸의 실체성이 사라지는 것이 다른 양상으로 나타날 수 있다. 어떤 사람은 몸을 이루고 있는 감각적인 의식과 생각이 문득 흩어지는 체험으로 일어날 수 있다. 어떤 사람은 따로 두고 있던 '모양 없는 마음'이라는 법에 관한 생각이 사라지면서 3차원적인 세계가 2차원적인 세계로 경험되면서 몸의 실체성이 사라질 수 있다. 현상 이면에 따로 챙기고 있던 마음이 법상이고 망상이다. 이면이 사라지면 현상만 끝 간 데 없이 펼쳐진 느낌이 들어, 이 세상이 있는 그대로 평면적으로 느껴진다.

체험을 하고 9년 정도 지난 시점에 일어난 변화였다. 어느 날 법문을 듣고 나와 선원 휴게실에 잠시 앉아 있었다. 좌식 책상 앞에 앉아 있었는데, 바짓부리에 삐져나온 실오라기가 보였다. 눈에 거슬려 그것을 유심히 보는데, 문득 이것이 저절로 드러난 현상이라는 것이 알아졌다. 아무 노력도 없이 저절로 드러난 이 실오라기는 나의 의지나 의도가 개입되어 있지 않은 채 그대로 드러나 있었다.

순간, '이 모양 있는 실오라기를 모양 없는 마음이 비추고 있지.'라고 습관적으로 속삭이는 소리가 일어났다. 그때 문득 현상을 비추고 있는 마음이 따로 있다는 '생각'에 사로잡혀 있었음을 보게 되었다. '저절로 드러난 실오라기 외에 이 실오라기를 비추고 있는 마음이 따로 있다.'고 생각하고 있었다. 그 순간 이 한 생각이 법에 대한 분별임을 보게 되었다. 지금까지 이렇게 마음이라는 것을 따로 염두에 두고 있었다. '모양 없는 마음'이라는 것도 여기에서 일어난 한 생각이었다.

그 순간 전율이 느껴졌다. 진실은 '드러난 이게 다'였다. '물들지 않는 마음이 있어.'라는 것은 생각에 지나지 않았다. '모든 드러나는 것 이면에 마음이 따로 있다.'는 한 생각이 망상임을 보면서 모든 것이 있는 그대로 하나로 보였다. 갑자기 온 우주가 평면성으로 자각되었다. 모든 것이 그 모양 그대로 한 판이었다. 깊이도 없고 높이도 없었다. 마치 하나의 의식이 끝 간 데 없이 펼쳐진 느낌이었다. 세상이 너무도 단순했다. 모든 것이 사라진 느낌이었다. 있기는 있는데 아무런 실체감이 없었다. '눈앞에 드러나는 식(識)이 전부라는 얘기네! 그래서 만법유식(萬法唯識)이라 하는구나! 이 하나의 식이 끝 간 데 없이 펼쳐져 있구나(유식무경, 唯識無境).'라는 깨달음이 왔다. '모든 것이 마음 하나(삼계유심, 三界唯心).'라는 말이 저절로 소화되었다.

그동안 이 말의 참뜻을 안다고 여겼는데, 아니었다. 그것은 생각으로 이해한 말이었고, 지금은 내 눈앞의 현실이었다. 생각할 필요 없는 당연한 눈앞의 현실을 말하는 것이었다. 이런 전환이 일어나자 내 몸이 따로 있는 것이 아니었다. 주변을 둘러보았다. 내 몸, 탁자, 목재 무늬 바닥, 책장, 지나가는 사람들이 똑같은 현상일 뿐이고 식일 뿐이었다. 나와 눈앞의 탁자가 그 모습 그대로 하나의 식이었다. 몸의 실체성이 사라졌다. 몸을 포함해 저절로 드러난 모든 것이 그대로 하나였다.

마침 선생님께 이런 변화를 말씀드렸다.

"현상을 비추고 있는 근본 뿌리가 따로 있는 줄 알았는데, 뿌리라는 게 따로 없고 눈에 보이는 현상이 전부입니다."

선생님께서 말씀하셨다.

"그런 말이 선어록에 나와 있습니다. 그걸 무근수(無根樹)라고 표현합니다. 법을 뿌리 없는 나무라고 하지요."

내가 말했다.

"만법유식(萬法唯識)이라는 말이 소화됩니다."

그러자 선생님께서 말씀하셨다.

"만법유식하고 쌍을 이루는 말이 유식무경(唯識無境)입니다."

그 말도 소화가 되었다. 오로지 식만 있을 뿐이지 테두리가 없었다.

"삼계유심(三界唯心)이라는 말도 소화가 됩니다."

선생님께서 말씀하셨다.

"그것과 쌍을 이루는 말이 무심제법(無心諸法)입니다. 이 말도 소화가 됩니까?"

무심제법은 처음 듣는 말이었다. 무슨 말인지 소화가 되지 않았다. 억지로 이해를 하려면 할 수는 있는데 이 공부는 이해하는 공부가 아니라는 것은 진작 알고 있었다. 잘 모르겠다고 답하니 "이 말도 소화가 되어야 합니다." 하셨다.

'마음 없음이 모든 것이다.' 이렇게 해석은 되지만 무슨 말인지 몰랐다. 그때 문득 대혜종고 선사가 깨달음을 이루고 나서 "참된 금강권(金剛拳)이 장식(藏識)임을 알아야 비로소 벗어날 수 있다."라고 한 말이 떠올랐다. 여기에서 '장식'이 무슨 뜻인지 몰라 물어보았다. 선생님은 '장식'은 간단하게 '마음'이라고 말씀하셨다. 그러고는 이 문장도 소화가 되어야 한다고 하시고 더 말씀이 없으셨다. 그 후로 '무심제법', '참된 금강권이 장식이다.'라는 말들이 비밀창고를 잠그고 있는 자물쇠처럼 여겨졌다. 이것을 생각으로 풀 수는 없었다. 이 비밀창고는 생각이 아니라 안목이 변하면 저절로 열린다는 것을 그간의 공부를 통해 알고 있었다.

때때로 이 말들이 머리에 떠올라 궁금하기는 했지만 어쩔 수 없었다. 아직 공부가 부족해서 풀리지 않고 있었다. 그런데도 하나의 식(識)이 끝 간 데 없이 편재한 상태는 오래 지속되었다. 사람, 사물, 생각, 감정, 깨달음이라는 것조차 공기와 같아서 걸리지 않았다. 모든 장벽이 사라지고 오직 한 개의 식만 온 우주에 가득한 느낌이었다. 마음은 그 어느 때보다 편안해서 공부가 한 차원 달라진 것 같았다. 길을 걸으면 땅 위를 걷는 것이 아니라 허공을 걷는 가벼움이 느껴졌다. 존재의 무게도 없고 삶의 무게도 없었다. 온 세상이 완전히 텅 비어서 아무것도 없었다. 마치 안개로 된 사람이 안개 속을 걷는 듯했다. 여전히 남은 의문은 있었으나 일상의 모든 것이 걸릴 것이 없었다.

그런데도 마음에 걸렸던 구절은 가끔 떠올랐다. "무심은 마음이 없다는 의미인데, 그렇다면 '하나의 깨어 있음뿐이다.' 하는 것도 망상이라는 말이구나! 경계 없는 식밖에 없다는 것도 망상이라는 말이구나!" 하면서 나도 모르게 이런 말에도 마음을 두지 않았다. 그러다가 원래 모든 말이 방편의 말이라는 것, '마음뿐이다', '깨어 있음뿐이다'라고 하는 것도 다 쓸데없는 말일 수밖에 없다는 것이 저절로 알아졌다. 이제는 아무것도 없는 세계가 되었다. 할 일을 다 하여 마음이 완전히 잿더미가 되어 가는 것처럼 쉬어졌다. 이 세계에 아무것도 없는 것 같은 경계가 한동안 체험되었다. 무엇을 하든 아무런 장애가 없고 걸리는 것이 없었다. 그러면서 스스로 나 자신의 존재가 무용지물이 되어 가는 것 같고, 자유의지가 없는 식물인간이 되어 가는 것 같았다.

마음공부를 하다 보면 문득 몸도 실체가 없다는 자각이 일어나면서 눈앞의 허공만 있는 듯한 전환이 온다. 그러나 눈앞의 허공도 시간이 지나면 분별경계라는 것을 깨닫게 된다. 허공을 비추고 있는 하나의 앎이 있는 듯하고, 점점 더 분별이 쉬어지다 보면 이것마저도 미세한 분별의식이라는 것을 보게 된다. 이 의식에서도 깨어나면 정말로 이 세상에 아무것도 없다. 아무것도 없는 무(無)의 세계처럼 느껴진다.

어떤 것에도 마음이 없는 삶이 깊어지면서 안목이 날카로워지고 예리해진다. 거친 망상들에서 깨어난 뒤에는 미세하고 집요하며 고질적인 분별망상들이 드러난다. 미세한 망상들을 저절로 보게 되고, 이런 것들도 망상이라는 것을 보게 되면, 법을 보는 안목은 더욱 예리해진다.

어느 순간부터 망상을 보지 않는 공부 습관이 정착되면서, 공부라는 것을 따로 마음에 두지 않아도 안목은 저절로 열렸다. 따라서 공부가 깊어지려면 분별의식으로 드러난 것은 모두 진실이 아님을 보아 마음에 두지 않는 것이 중요하다.

공부는 복잡하거나 어렵지 않다. 다만 안팎으로 드러난 어떤 분별대상도 진실이 아님을 알고 마음에 두지 않는 태도를 갖추는 것이 쉽지 않다. 우리가 평생 안팎으로 대상을 따로 두어 집착하고 추구하는 삶을 살아왔기 때문이다. 분별습관에서 벗어나는 것이 낯설다. 그러나 마음공부는 모든 분별의 바탕이 명료하게 드러나는 공부이므로, 대상으로 드러나는 분별망상에 마음이 없을수록 밝아진다. 마음이 비워지는 것 같고, 끝내는 마음마저 텅 빈 것이라는 사실을 체험적으로 자각하는 것이 핵심이다. 그러므로 분별되는 대상이 아무리 고귀하든 그렇지 않든, 아무리 크든 작든 모두 망상이므로 거기에 마음이 없을 때 저절로 깨어나게 된다. 이런 태도로 마음공부에 뜻을 두다 보면 공부는 저절로 성숙된다. 어느 순간에 법도 분별의식이고 나도 분별의식이라는 것을 저절로 알게 된다.

> 거꾸로 타고 의기양양 집으로 돌아가니
> 삿갓과 도롱이는 저녁노을을 머금었네.
> 걸음걸음 맑은 바람 가는 곳이 안온하니
> 보잘것없이 작은 풀을 입에 담지 않는다네.
> _괴납련 화상, 십우도 중 '소를 타고 집으로 돌아오다'

본래마음에 모든 것을 맡기는 수밖에 달리 할 일이 없다. 모든 것을 여기에 내맡기는데도 오히려 의기양양하고 편안하다. 거꾸로 타고 간다는 것은 자신을 소에 맡겼으니 인연이 어디로 데려가든 마음을 쓰지 않는 것이다. 그러나 소에 온몸을 맡겼어도 거꾸로 바라보는 것은 아직도 미세하게 대상경계로 새어 나가는 마음이 남아 있음을 비유적으로 표현했다. 모든 것을 내맡기기는 했으나 분별하는 마음이 미세하게 남아 있어서 현상으로 새는 미진함이 있다. 아직 안목이 활짝 밝지 않았다.

분별심은 마음에서 일어나는 현상을 모양 따라 따로 있다고 여겨서 집착하는 마음이다. 분별하는 마음은 대상을 향해 있다. 항상 이 본래마음만이 진실한데 이것을 등져서 밖을 향한다. 그런데 본래자리로 돌아가는 것은 밖을 향하는 것이 아니다. 마치 바다 표면에 있던 사람이 심연으로 들어가 사라지는 것 같다. 존재의 맨 밑바닥으로 추락하는 것 같다. 어느 것도 의지할 것이 없는 데로 내려가 사라지는 것 같다. 이 시기 대상경계에 무심하면 저절로 그런 변화가 일어난다. 분별심의 입장에서 보면 역행하는 것 같다. 그동안 밖을 향해 나아가는 삶을 살았다면, 이 공부의 도달 지점은 한 번도 떠난 적이 없는 본래자리다.

밖으로 돌아다닐 때 사용하는 삿갓과 도롱이는 용도가 다하여 저녁노을처럼 스러지고 있다. 뙤약볕이 비치고 비 오는 바깥에서는 삿갓과 도롱이가 필요하다. 그러나 존재의 밑바닥으로 돌아오는 곳에는 가릴 볕도 없고 피할 비도 없다. 모든 조작을 멈추니 걸음걸음 맑은 바람이고 가는 곳마다 안온하다. 마음이 쉬어질수록 안목이 날카로워지고, 날카로워질수록 마음이 쉬어진다.

불자여, 마치 전륜성왕이 하늘 코끼리를 타고 사천하(四天下)[3]로 다닐 때 가난하고 곤란한 사람이 있는 줄 알면서도 그들의 걱정에 물들지 않지만 그래도 인간의 지위를 초월했다고 하지 않는다. 만일 전륜성왕의 몸을 버리고 범천에 태어나서 하늘궁전을 타고 천 세계를 보면서 천 세계에 다니며 범천의 광명과

---

3) 사천하(四天下): 전륜왕이 거느리는 수미산(須彌山)의 사방에 있는 네 개의 큰 땅덩이. 동 불바제(東弗婆提)・서 구타니(西瞿陁尼)・남 염부제(南閻浮提)・북 울단월(北鬱單越) 등임. 이 사천하가 다 바다 섬이므로 사주(四洲)라고도 함.

위력을 나타낸다면, 그제야 인간의 지위를 초월했다고 이름한
다.
　불자여, 보살도 그와 같다. 처음 초지로부터 제7지에 이르도록
바라밀다를 타고 세간에 다닐 때, 세간의 번뇌와 근심을 알면
서도 바른 도를 탔으므로 번뇌의 허물에 물들지는 않지만 번뇌
를 초월한 행이라고 할 수 없다. 만일 일체 노력을 들인 행을 버
리고 제7지부터 8지에 들어가서 보살의 청정한 법을 타고 세간
에 다니면 번뇌의 허물을 알지만 거기에 물들지 않는다. 그때
에야 번뇌를 초월한 행이라 말한다. 온갖 것을 모두 초월하였
기 때문이다.
　_화엄경, 십지품, 원행지

　아직은 바로 지금 이것이 전부라는 진실에 분명하게 깨어나지
못했다. 모든 분별되는 모습이 남김없이 하나인 사실을 온몸으로
받아들이지 못했다. 미세하게 새 나가는 마음이 있어서 법을 확연
하게 보지 못했다. '모든 것이 하나'라는 미세 망념이 남아 있고, 아
련하게 그려지는 경계를 붙잡고 있다. 미세한 망념이어서 망상이
라는 것을 알아차리기 어렵다. 세속에 대한 집착과 추구에서는 놓
여났으나, 세속을 떠난 세계에 대한 집착과 추구가 미세하게 남아
있다. 법에 대한 미세한 생각, 신비하고 차원이 다른 느낌이 남아
있다. 이전에는 크고 작은 번뇌들이 따로 있었다면 이 시기는 모든
것이 하나인 의식으로 느껴진다. 내 몸을 따로 의식하지 않으니 하

늘을 나는 것처럼 가볍다. 모든 것이 환희롭다. 모든 것이 충만하고 은혜롭다. 그러나 이것도 미세한 분별경계다.

우두 법융 대사가 4조 도신을 모시고 자신이 거처하는 암자로 갔다. 암자 주위에는 오직 호랑이와 이리 같은 짐승만 있었다. 조사가 두 손을 들면서 두려워하는 몸짓을 하자, 법융이 물었다.
"아직도 그런 것이 남아 있습니까?"
조사가 되물었다.
"지금 무엇을 보았는가?"
대사가 대답하지 못했다. 조금 있다가 조사가 대사가 참선하는 돌 위에다 부처 불(佛) 자 하나를 쓰자, 대사가 이를 보고 송구하게 생각하였다. 조사가 물었다.
"아직도 그런 것이 남아 있는가?"
대사가 깨닫지 못하고 머리를 숙이면서 참다운 요체를 말해 주기를 청했다.
조사가 대답했다.
"무릇 백천 가지 법문이 똑같이 마음으로 돌아가고, 갠지스 강의 모래같이 많은 묘한 공덕이 몽땅 마음근원에 있다. 일체의 계율·선정·지혜·신통변화가 모두 스스로 구족해서 그대의 마음을 떠나지 않으며, 일체의 번뇌와 업장이 본래 공적하고 일체의 인과가 모두 꿈이나 허깨비 같으니, 삼계를 벗어날 것도 없고 보리를 구할 것도 없다. 사람과 사람 아닌 것이 성품과 형상에서 평등하며, 대도(大道)는 텅 비어서 생각이 끊어졌으니, 이러한 법을 지금 그대는 이미 얻었다. 조금도 모자람이 없으니 부처와 무엇이 다르겠는가? 다시 다른 법이 없으니, 그대는 그저 마음에 맡겨 자재하라. 관행(觀行)[4]을 짓지도 말고, 마음을 깨끗이 하고자 하지도 말고, 탐욕과 성냄을 일으키지도 말고, 근심과 걱정을 품지도 말고, 탕탕하게 걸림 없이 뜻대로 종횡하면서 선을 짓지도 말고, 악을 짓지도 말라. 다니고 멈추고 앉고 누우며 눈에 부딪치고 만나는 인연이 모두 부처의 묘한 작용으로서 즐거워 근심이 없나니, 그런 까닭에 이름하여 부처라 하는 것이다."

우두 법융 대사가 물었다.

"마음에 이미 구족되어 있다면, 어떤 것이 부처이며, 어떤 것이 마음입니까?"

조사가 대답했다.

"마음이 아니면 부처를 묻지도 못하고, 부처를 묻는 것은 마음 아님이 없다."

"관행을 짓지 말라고 하셨는데, 그렇다면 경계가 일어날 때 어떻게 대치해야 하겠습니까?"

"경계의 연은 좋고 나쁨이 없고, 좋고 나쁨은 마음에서 일어나니, 마음이 억지로 이름을 짓지 않는다면 망정이 어디로부터

---

[4] 관행(觀行): 마음으로 진리를 비추어 보고 그 진리에 따라 실천함. 또는 자기의 본성품을 밝게 비추어 보는 방법으로, 여기서는 의도적인 수행을 말한다.

일어나겠는가? 망정이 이미 일어나지 않으면 참마음이 두루 아나니, 그대는 다만 마음 따라 자재할 뿐 더이상 대치하지 않으면, 그것을 이름하여 변함없이 항상 머무는 법신(法身)이라고 하니 변화하여 달라지는 것이 없다."
_경덕전등록

법, 깨달음, 하나, 불이중도(不二中道)라는 것도 따로 있는 것이 아니라 모두 방편의 말이다. 알 수 없는 마음에서 흘러나온 분별들이다. 모든 추구가 끊어지고 털끝만큼의 집착도 없어져 완전히 법에 통하지 않으면 안목이 열리지 않는다. 법에 대한 추구와 집착이 완전히 끝났을 때 이전과 차원이 다른 안목이 활짝 열린다. 있는 그대로의 참모습에 완전하게 들어맞아 한 개의 눈을 이룬 것과 같다. 공부가 세밀하고 철저해야 한다. 조금이라도 마음에 남아 있는 게 있으면 망상이고 허상이다.

옛날 약산이 좌선할 때 석두가 물었습니다.
"그대는 여기에서 무엇을 하는가?"
"아무것도 하지 않습니다."
"그렇다면 한가히 앉아 있는 것이로구나."
"한가히 앉아 있다면 도리어 무엇을 하는 것입니다."
이에 석두 스님은 그렇다고 수긍하였습니다.
저 옛사람들을 살펴보건대, 한 차례 한가히 앉아 있더라도 그를 어찌할 수 없었습니다.

_대혜서장, 엄교수 자경에 대한 답서, 김태완 역주, 침묵의향기

'한가히 앉아 있다.', '아무 일이 없다.', '텅 비었다.', '둘이 아닌 하나다.', '알 수 없는 마음이다.'라는 것도 모두 망상이다. 이 고비를 넘기려면 분별을 철저하고 세밀하게 볼 수 있어야 한다. 결국 마음공부란 분별망상을 있는 그대로 보아 무명과 집착에서 깨어나는 일이다. 마음에 먼지티끌 한 점도 없어야 한다. 모든 추구와 집착, 염두의 대상은 바로 지금 여기에서 일어난 한 생각이다.

7
본래 아무 일이 없었다

〈십우도〉에서 소는 본래마음을 가리킨다. 소는 '견우(소를 보다)'에서 문득 자각되는데, 이 마음을 체험했어도 처음부터 분별심이 다 녹아내리지는 않는다. 전체성인 일원상은 부분적인 소처럼 여겨진다. 이 마음이 따로 있어서 챙겨야 하는 것처럼 느껴지는 것이다. 이때부터 부분처럼 느껴지는 소가 전체임을 밝게 보는 안목을 갖추는 길에 접어든다. 따로 있는 것처럼 보였던 것들이 본래 이 일임을 깨달아 가는 여정이다.
　소가 도달할 곳은 한 마음도 없는 바로 '이것'이다. 소도 따로 없고 사람도 따로 없는 여기다. 소는 전체가 드러난 정도였다. 전체를 가리고 있던 분별심이 모두 소멸하면 소는 사라지고 전체성인 일원상이 드러난다. 소는 움직이지 않았다. 다만 분별심 때문에 부분으로 보였다. 미세하게 남아 있던 깨달음에 대한 생각과 추구심이 소를 부분으로 보게 했다. 주객관 이전에는 소도 따로 없고 나도 따로 없다. 법에 대한 미세한 망념이 분별임을 깨닫게 되면 안목이 활짝 열린다.

　여기에 이르기까지 마음공부는 서서히 진전되기도 하고 갑작스레 변화하기도 한다. 시기에 따라 지지부진하기도 하고, 급격하게 밝아지는 때를 만나기도 한다. 분별에서 깨어날수록 소는 점점 커진다. 소가 커진다는 것은 본성이 점점 밝아진다는 것이고, 그만큼 분별에 휘둘리지 않게 된다는 뜻이다. 소의 크기는 안목과 힘을 상징한다. 안목이 열릴수록 분별에 휘둘리지 않는 힘이 커지고, 힘이 커질수록 분별심에서 정밀하게 깨어난다. 이전에 따로 있다고 여겼던 것들이 본래마음의 표현임을 깨닫게 된다. 보이고 들리고 느끼고 아는 모든 경험이 이 바탕의 일임이 드러난다.

　체험의 순간에는 문득 전체성이 확연하게 자각될 수 있으나, 체험의 여운이 지나면 이전과 다름없는 분별심이 일어난다. 순간적인 체험으로 분별심이 잠시 힘을 잃었지만, 분별심에서 확실하게 깨어나지 않았기 때문에 이원성이 남아 있다. 마치 잡초가 강한 햇볕을 받아 잠시 시든 것 같다가 조건이 맞으면 다시 살아나는 것과 닮았다. 분별의 뿌리가 완전히 뽑히지 않았기 때문에 나타나는 현상이다. 아직 다 깨어나지 못하여 여전히 이원성이 느껴지고 삶에 장애가 남아 있다. 자기로 삼는 몸과 마음, 즉 물질과 정신세계에서 송두리째 깨어나지 못했기 때문이다. 따로 있다고 여겼던 모든 대상에서 깨어나면, 모든 것이 하나로 돌아가고 하나가 모든 것이어서 나와 세계 사이에 분리가 없다.

체험 이후 느껴지는 분리감은 분별에 대한 면밀한 깨어남을 통해 벗어난다. 내면에서 일어나는 분별에 솔직해야 한다. 이 공부는 자기 분별에서 깨어나는 길이다. 자기 분별은 누구에게 속속들이 보여 줄 수도 없고, 누가 대신 깨달아 줄 수도 없다. 오직 자신만이 자기 분별의 감옥에서 벗어날 수 있다. 공부가 깊어질수록 따로 두고 있던 것이 보이면 그것이 '이것'임을 깨닫게 되고, 깨달으면 저절로 분리감에서 벗어날 수 있다.

깨달음이라는 것이 따로 있어서 그것을 얻는 길이 아니다. 사로잡혀 있던 분별망상심에서 깨어나 모든 것이 텅 빈 것임을 깨닫는 것이 깨달음이다. 분별심이 다하여 사라질 뿐, 다른 것을 얻거나 다른 곳으로 향하는 공부가 아니다. 실상에 밝아져 어디에도 구속받거나 걸릴 일이 없다는 지혜가 열리는 일이다.

처음에는 삶이 괴롭고 힘들거나 삶의 무상함을 느껴 이것을 벗어난 세계를 추구했다. 삶의 모든 것을 떠나 괴롭지 않고 항상한 진리를 꿈꿨다. 문득 분별에 물들지 않는 마음을 체험하면, 진실로 이 본래마음만이 변함없고, 분별되는 세상일은 허망하다는 것을 보게 된다. 그래서 세상사에서 마음이 떠나기 시작하고, 오로지 변함없는 마음 하나로 향한다.

그러다가 따로 두고 있던 깨달음도 미세한 망념이라는 것을 깨닫고, 깨달음의 세계에서도 자유로워진다. 내가 따로 둘 수 있는 것은 모두 망상이다. 내가 볼 수 있고, 느낄 수 있고, 알 수 있고,

깨달을 수 있는 것은 분별이다. 따로 잡고 있다면 내가 잡고 있는 것이고 이것은 나의 일이지, 진정한 깨달음도 아니고 본래마음도 아니다. 진정 '이것'은 내가 알 수도 없고 염두에 둘 수 없다는 사실이 명백해진다. 대상으로 향하는 마음이 모두 소멸한다.

세상사에서도 깨어나고, 깨달음의 세계에서도 깨어난다. 허망한 것을 모두 놓아 버렸을 때 있는 그대로의 실상이 밝아진다. 본래 자신은 무엇이라고 할 수 없다. 몸도 내가 아니고, 마음도 내가 아니다. 잡을 것도 없고, 취할 것도 없다. 진실을 깨달으려고 마음공부를 시작했지만, 결국에는 진실이 따로 없고 깨달을 나도 따로 없음을 깨닫게 된다. 모든 가르침의 말이 분별망상에서 깨어나게 하기 위한 방편이었다. 깨달음의 세계가 따로 있다는 생각도 추구심의 변형된 형태였다는 것을 알게 된다. 무엇이든 모두 바로 지금 이 마음에서 일어난 망상이다.

"빛이 통과하지 못하는 데에는 두 가지 병이 있다. 모든 곳에서 밝지 못하여 얼굴 앞에 사물이 있는 경우가 하나이고, 모든 법이 공임을 뚫어 내고도 어떤 것이 은은하게 있다면 역시 빛을 통과하지 못한 것이다. 또 법신에도 두 가지 병이 있다. 법신에 도달하고도 법에 집착하여 잊지 못하고 자기라는 생각이 여전히 있어서 법신 곁에 머물러 있는 것이 하나이고, 법신을 뚫어 내고도 놓아 버리지 못하여 어떤 기운이 있는지 자세히 검토해 보아야 한다 해도 역시 병통이 되는 것이다."

_오등회원, 제15권

　모든 대상화와 추구가 끝난다. 공부의 잔상이 사라지고 법이라는 생각이 떨어져 나간다. 법에 대한 추구도 집착이었다. 모든 말씀이 방편의 말이었다는 자각이 일어난다. 법에 대한 집착이 남아 있다면 그것을 대상화하는 주관의식이 남아 있는 것이고, 이 자체가 이원성이며 분별이다. 그러므로 '깨달음은 이런 것이다.'라는 생각, 또는 고요하거나 생생하거나 아무것도 없는 상태를 마음속에 두고 있다면, 이는 내가 그것을 붙잡고 있는 것이어서 주객관 의식에서 활짝 깨어나지 못한 것이다. 본성을 체험했어도 분별심이 다하지 않아서 법이라는 생각이 남아 있다.

　공부가 깊어지면서 현실 생활의 모든 것이 '이것'이고, 법이라는 생각도 여기에서 일어난 망상이라는 진실에 눈뜨게 된다. 점점 마음속 소음이 사라지고, 추구하고 집착하는 대상이 사라지면서 어떠한 생각도 망상임을 깨닫게 된다. 조그마한 기미일지라도 모두 알 수 없는 마음의 분별임을 사무치도록 깨달아야 대상을 보거나 취하지 않게 된다. 갈 곳도 없고, 볼 것도 없으며, 들을 것도 없다. 마음에 둘 것이 하나도 없다. 이 모든 것이 한 생각이기 때문이다. 모든 분별이 마음의 표현임을 깨달을수록 점점 시야가 넓어진다. 소가 크면서 이것을 가리고 있던 분별이 힘을 잃어 간다.

　일원상을 가리고 있던 것들이 다 벗겨지듯, 따로 두고 있던 것에서 모두 깨어나면, 부분으로 보였던 소도 따로 없고 나도 따로 없는 전환이 일어난다. 온 우주가 걸림 없는 하나가 된다. 여기에는 일원상이라는 생각도 따로 남아 있지 않다. 미세한 분별심도 잘 보여서 정밀하게 깨어난다. 자기도 모르게 붙잡고 있는 법상이 이원적인 구조를 만들었다. 미세하게 법에 관한 생각을 잡고 있었다.

법이든 깨달음이든 조금이라도 있으면 모두가 새 나가는 분별이다. 모든 것이 알 수 없는 마음의 표현임을 남김없이 자각하면, 법에 대한 추구나 조작도 모두 사라져 활짝 밝아진다. 붙잡고 있던 대상이 모두 사라져 버리면, 그것을 무의식적으로 대상화하고 있던 자아의식도 함께 소멸한다. 법도 텅 비었고 나도 텅 비었다. 일대 전환이 일어난다. 마음의 추구가 끝나고 바로 지금 눈앞으로 돌아온다. 모든 망상에서 깨어나 눈길 가는 곳마다, 마음 가는 곳마다 진실하지 않은 것이 없다. 나와 나 아닌 것의 이원성이 남아 있지 않다.

이처럼 확연해지는 전환도 문득 체험적으로 일어난다. 여드름의 핵과 같은 분별심의 뿌리가 쏙 뽑히면, 마음의 분별구조가 한눈에 들어온다. 이 마음바탕은 도저히 알 수 없고 잡을 수 없으며 생각할 수 없고 표현할 수 없지만, 분별망상 구조는 한눈에 볼 수 있다. 눈이 훤히 열린 것 같은 서늘한 자각이 일어난다. 본래마음을 알려는 생각은 모두 사라지고, 부족함 없는 본성 속에서 장애 없이 살아가게 된다.

이때가 되면 깨달았다는 생각도 없고, 법이라는 생각도 송두리째 사라지고 없다. 사람으로 태어나서 가장 중요한 일을 마친 사람처럼 부족함이 없고 걸림이 없다. 마음공부 하기 전과 크게 다를 것이 없는 삶이지만, 우주 끝까지 막히는 데가 없다. 상하좌우 안팎이 확 트여 투명하다. 더는 과거처럼 생각할 수 없고 돌아갈 수도 없다. 삶의 모습은 크게 달라지지 않았지만, 내면은 차원이 달라져서 예전 사람이 아니다. 삶도 사람도 공부도 따로 없는데, 모든 것이 예전 그대로다. 차원이 다르지만, 예나 지금이나 별반 다르지 않다. 아무런 존재의 무게도 없고 삶의 무게도 없는 현실 속에서 걸림이 없게 된다. 스스로 체험하지 않고서는 도저히 알 수 없는 대전환이다.

이런 체험 전에는 모든 것이 하나로 편재한 '깨어 있음'이 있었다. 삶이 몹시도 고요하고 편안했다. 나의 존재감도 없고 대상의 존재감도 따로 없었다. 하나의 생명력이 온 누리에 가득하여 은혜로웠다. 이것을 사랑, 자비, 충만이라 해도 부족하지 않을 것 같았다. 나 또한 이와 같은 시기를 1년여 보냈다. 이런 체험적 변화가 일어났을 때 선생님께 공부의 변화를 말씀드렸고, 선생님은 이런 변화가 궁극은 아니라고 깨우쳐 주셨다. 몹시도 특별하고 신비했지만, 마음으로 붙잡지 않게 되었다. 그럼에도 이 충만함은 오래갔다.

공부가 여전히 부족했는지 이런 충만함과 가벼움 속에서도 해결되지 않았던 구절이 종종 떠올랐다. '무심제법(無心諸法)'이 그 말이었다. '무심제법'이라고 하면 '마음도 없다'는 것이어서, 지금 눈앞에 경험하는 생생한 의식 하나도 없다는 의미로 받아들여졌다. 시간이 지나면서, 하나로 편재한 의식이라는 것도 분별하지 않으면 드러날 수 없다는 자각이 일어났다. 이런 상태도 경계이고 분별임을 알게 됐다. 분별하지 않으면 '생생하게 깨어 있다'는 것도 나타나지 않을 것이다.

'무심, 즉 마음이 없다.'는 말, '식(識)밖에 없다.', '경계 없는 식만이 있다.' 하는 것도 망상이라는 것이 깨달아졌다. 그러고 보니 모든 말이 방편의 말이었다. 마지막에는 쓸데없는 말이 되는 것이 마음공부에서 제시되는 말이었다. 불법에 관한 모든 말도 실체가 없다는 깨달음이 일어났다. 그러자 아무것도 없는 세계가 눈앞에 펼쳐진 듯했다. 길을 걷는데 마치 허공을 걸어가는 것처럼 아무런 무게가 없었다.

그런 시간을 보내다가 부산 대덕사의 춘식 스님을 뵐 일이 있었다. 마침 대웅전으로 들어가 불전에 삼배하고 스님의 처소에 들어가 인사를 드리니 이렇게 물으셨다.

"부처님께 무슨 마음으로 절했나?"

주저 없이 이런 말이 튀어나왔다.

"아무 마음도 없었습니다."

느끼는 그대로 심경을 말했다. 그러자 스님이 말씀하셨다.

"그렇게 싹 쓸어 버려도 안 돼."

늘 말씀하시듯 평범한 어조였는데, 갑자기 내 뒤통수를 쳤다. 그날 집으로 돌아오는데 '아무것도 없다.'는 것도 한 생각이라는 것을 알게 되었다. '없음'에 사로잡혀 있었다. 그러자 온 세상이 확 밝아졌다. 그동안 나는 '지금 이것'은 너무 당연한 것으로 여기고, 이것 외에 또 다른 완전한 깨달음의 상태를 추구하고 있었다. 그것이 '하나의 의식'이든, '아무것도 없는 텅 빔'이든 모두가 알 수 없는 마음에서 일어난 생각이나 느낌일 뿐인데, 그 사실을 모르고 망상에 빠져 있었다. 처음 체험을 하여 이 자리가 드러났는데도 이것은 당연하고 무언가 다른 완전한 것이 있을 것이라고 여기며 십여 년을 추구해 왔다. 마치 한쪽 눈은 여기에 두고, 다른 쪽 눈은 엉뚱한 방향으로 새 나가는 것과 같았다.

이날 스님의 한 말씀을 듣고 추구하는 마음이 뚝 떨어져 나가면서 정신이 번쩍 들었다. 새 나가고 있던 다른 하나의 눈이 사라져 버리니 눈앞을 비추는 이 눈 하나만 명료했다. 눈앞에 정확하게 초점이 맞는 느낌이었다. 눈길 가는 곳마다 이것이지 다른 깨달음이 없었다. '두두물물이 부처'라는 말이 그대로 눈앞의 현실이었다. 그때부터 이상한 조짐이 일어났다.

갑자기, 마음에 걸려 있던 앙굴리마라 화두가 떠올랐다. 대혜종고 선사가 그 화두에서 풀려나면서 공부가 밝아졌는데, 그 변화가 무엇인지 알 것 같았다. 장자 부인이 애를 낳는데 산통은 심하고 출산 날이 되어도 애를 못 낳았다. 앙굴리마라에게 빨리 이 산통을 없애 달라고 부탁했다. 그러나 그는 자기는 도에 들어간 지 얼마 되지 않으니 '부처님께 물어보고 오겠다.'라고 했다. 그렇게 물어보고 와서 하는 말이 '도에 든 이래 한 번도 살생한 적이 없다.'고 했다. 그러자 산통이 사라져 아이를 무사히 낳았다는 공안이다.

도대체 '이게 무슨 말인가?' 궁금했는데 그 순간 명확해졌다. 아이는 사람이 답을 얻어 올 때를 기다려 태어나지 않는다. 자식을 낳아 봐서 안다. 아이는 때가 되면 저절로 나오지, 내가 마음을 가다듬어 준비하거나 무슨 말을 듣고 알아들었을 때를 기다려 나오지 않는다. 세간법 그대로 불법인 것이지 불법이 따로 없었다. 그동안 얼마나 관념에 중독되어 있었는지를 알게 되었다. 눈앞에 펼쳐지는 현상은 내 사정을 봐주지 않는다. 내가 준비되었을 때 일이 펼쳐지는 게 아니다. 이것이 세간법이고 세상의 이치다. 이 '세간법'을 떠나 '불법'이 따로 없었다. 불법을 통해서 뭔가 치유하고 문제에서 벗어날 거라는 환상을 가지고 '따로 있다'고 여겨 여기까지 무언가를 추구했다. 그러나 세간법 그대로 불법이지, 불법이 따로 있는 게 아니었다. 모두가 망상이었다.

'눈앞에 펼쳐지는 것'이 전부이지 공부라는 게 따로 없었다. 따로 있다면 모두 망상이었다. '바보, 멍청이! 본성을 체험하고도 무언가를 얻을 것이라고 십여 년을 찾아 왔다. 따로 있다고 여겼던 공부가 떨어져 나가면서 시선이 순식간에 눈앞에 딱 맞아 들어갔다. 그동안 졸고 있었다. 졸음이 싹 가시면서 멀쩡하게 눈을 뜬 느낌이 들었다.

'졸고 있었구나. 깨달음이라는 대상을 추구하고 있었구나.' 추구심의 구조가 드러났다. '찾는 마음', 이것이 바로 범인이었다. 이 마음이 자신을 얽어맸다. '깨달음을 찾는 마음', 이게 바로 분별심의 정체였다. 분별심에 속아 깨달음이라는 무언가를 찾았다. 우주 속에 살면서 '우주'를 찾을 것이라고 우주를 찾아 헤매고 다닌 꼴이었다. 하늘 먼 곳만 쳐다보며 우주를 찾아다니다가 문득 정신이 드니 하늘과 발밑이 모두 우주였다. 손가락, 발가락, 머리카락, 세포 하나하나, 먼지티끌, 산하대지가 모두 우주였다. 우주를 찾기도 전에 이미 우주에서 벗어날 수 없었다. 우주가 없으면 나도 있을 수 없었다. 우주가 그런 것처럼 모든 게 마음뿐이고 깨달음뿐이었다. 보이는 사물 하나하나, 들리는 소리 하나하나, 일어나는 생각 하나하나, 느껴지는 감정 하나하나, 모든 추구와 집착, 모든 망상이 이것을 벗어나지 않았다.

그런데 지금까지 이것을 따로 찾아 왔던 바보 멍청이였다. 지금 당장 아무 일이 없고, 있는 그대로 해방구였다. 모든 것이 하나로 돌아오니, 있는 것이 그대로 없는 것이고, 없는 것이 그대로 있는 것이었다. 사물이 그대로 마음이고, 마음이 그대로 사물이었다. 보이고 들리고 경험하는 모든 것이 그대로 부처이고 공부였다.

드러나는 현실이 그대로 공부이고 부처였다. 모든 존재의 밑동이 빠져 허공으로 사라져 버렸다. 몸과 마음을 나라고 알았는데, 그것은 살아오는 과정에 축적된 업식이었다. 나도 없고 세상도 따로 없는, 알 수 없는 전체성만 한결같았다. 알 수 없는 것이 몸과 마음은 물론 이 세상 모든 것까지 다 드러내고 있었다. 전체성이 몸과 마음을 벗어나서 끝 간 데 없이 펼쳐졌다. 온 우주가 한눈에 들어왔다. 있을 것은 그대로 그 자리에 다 있었다. 탁자가 하늘에 있는 것도 아니고, 구름이 땅에 있는 것도 아니었다. 모두 예외 없이 제자리에 그대로 있는데, 그냥 그대로 텅 비었다. 허공성인 현상이 실상이었다.

어떻게 이렇게 되었는지 알 수 없었다. 고비고비마다 따로 두고 있던 것들이 망상임을 깨닫고 집착을 놓아 버리다 보니 이런 일대 전환이 일어났다. 본래 이랬는데 이런 줄 모르고 있었다.

'의식만 있다.', '아무것도 없다.'는 느낌이나 생각도 모두 법상이고 망상이었다. 본래 둘이 아니고 아무 일도 없는데, 홀연히 일어난 주객관 의식에 떨어져서 내가 법이라는 대상을 찾고 있었다. 모두 안개처럼 일어난 분별심이고 평지풍파였다. 법에 대한 추구심이 끊어지니 눈앞에 드러나는 모든 것이 다 진실인데, 있는 그대로 있는 게 아니었다.

"이 늙은이가 30년 전 참선하지 않았을 때는 산을 보면 곧 산이었다. 선리를 조금 깨쳐 눈이 열리니, 산을 보아도 산이 아니었다. 이제 불법 도리를 완전히 깨닫고 나니, 산은 그저 산이더라."

_청원유신 선사

처음 '산은 산이고, 물은 물이다.'와 나중에 돌아와서 '산은 산이고, 물은 물이다.'는 똑같은 말인데, 차원이 달랐다. 처음에는 온갖 것이 존재하는 산과 물인데, 나중에는 산과 물 그대로 존재가 아닌 허공성인 '산'과 '물'이다. 그 모습 그대로 아무것도 아닌 '산'과 '물'이다. 분별의식에서 깨어나 보니 그 모습 그대로 모든 것이 아무런 실체가 없다. 불법이 따로 있어서 구하는 길이 아니라, 따로 있다고 여겨서 찾고 구하는 망상심에서 깨어나는 일이었다.

현실의 모든 것이 따로 존재한다는 망상집착심에서 깨어나 세상을 있는 그대로 보는 것이 이 공부였다. 세간법이 그대로 불법이어서 따로 손댈 것이 없었다. 깨달음이라는 것도 이름일 뿐이고 법상일 뿐이었다. 긴 여정을 걸어오다가 갑자기 길이 끊어져 눈앞의 현실에 눈이 딱 맞춰졌다. 내 집 안방 침대에서 깨달음의 꿈을 꾸며 그 길을 걷는다고 착각하고 있었다. 눈을 떠 보니 내 집 안방 침대 위 그대로였다.

보살은 유위(有爲)를 끝내지 아니하고 무위(無爲)에 머물지 않는다. 큰 사랑을 떠나지 아니하고 크게 슬퍼함을 버리지 아니한다.
_유마경

공부라는 것, 공부 길이라는 것이 따로 없었다. 안목이 얼마나 미세하고 날카로워야 하는가! 자기의 정체성이 이 몸과 마음이 아니어야 한다. 그게 부동지이고 불퇴전지다. 따로 두었던 깨달음도 망상이고, 이것을 대상으로 추구하고 바라보던 나도 분별의식이었다. 이 모든 것이 다 망상이었고 꿈속에서 헤맨 일이었다. 모든 것이 알 수 없는 이 일이다. 그동안 분별의식에 속았던 것이다. 내가 따로 있는 것도 아니고 법이 따로 있는 것도 아니다. 나는 사람도 아니고, 여자도 아니고, 남자도 아니며, 동물도 아니고, 그 아닌 것도 아니다. 그러나 모양은 엄연히 사람이고, 여자이거나 남자이고, 동물이다. 그것들 고유의 특성을 버리지 않지만, 실제로 모든 것이 평등하다.

마음공부는 분별망상을 분별망상으로 보아 망상심에서 벗어나는 전환이다. 본래마음은 죽었다 깨어나도 알 수 없다. 나 또한 이것의 표현이기 때문에 나라는 존재뿐만 아니라 나의 모든 것이 다 망상이다. 이것을 위해 내가 할 수 있는 일은 아무것도 없다. 나의 존재, 내 신변에서 일어나는 모든 일, 나의 경험이 모두 망상이다. 그러니 정말로 내가 이것을 위해 할 수 있는 일은 아무것도 없다.

깨달음에 관한 생각과 집착과 노력이 모두 망상임을 깨달아 모든 추구에서 자유로울 수 있느냐가 공부의 성패를 좌우한다. 여기까지 이르면 제시된 모든 가르침이 방편이었다는 자각이 일어난다. 실상에 눈뜨게 하기 위해 어쩔 수 없이 말한 하얀 거짓말이었다. 결국, 소도 따로 없고 나도 따로 없다. 그동안 무언가를 얻으려고 걸어왔지만, 그 과정에 모든 것을 잃어버렸다. 방편의 말씀을 따라오는 동안 가지고 있던 분별집착심에서 깨어났을 뿐이다.

따로 있다는 고정관념에서 깨어나는 길이 마음공부 길이다. 중생의 마음이 끝나는 것이지 부처의 마음을 따로 얻는 것이 아니다. 부처의 마음이 따로 있다고 여긴다면 정말로 헤어나기 어려운 망상이다.

> 마음이 시끄럽지 않으면 부처를 구할 필요가 없고, 깨달음과 열반을 구할 필요도 없다. 만약 부처에 집착하여 구한다면 탐냄에 속하고, 탐냄은 변하여 병이 된다. 그러므로 말하기를 '부처라는 병은 치료하기가 가장 어렵다.'고 한다. 부처를 비난하고 법을 욕하면 밥을 먹을 만한데, 밥이란 곧 자기의 신령스러운 깨달음의 본성이니 무루의 밥이고 해탈의 밥이다.
> _백장어록

마음공부를 하다 보면 어느 순간 문득 깨달음마저 망상임을 알고, 그것을 추구하던 마음을 쉬게 된다. 추구심이 사라지면 그것을 대상으로 삼았던 주관의식도 자연스럽게 소멸할 수밖에 없다. 진정한 자신은 몸과 마음 이전이고 주객 이전이다. 이것은 자아가 알 수 있거나 추구할 수 있는 게 아니다. 중생과 부처, 깨끗함과 더러움, 깨달음과 깨닫지 못함, 사람과 사람 아님, 삶과 죽음 등은 모두 내가 규정한 망상이다. 이 망상분별이 알 수 없는 마음에서 아지랑이처럼 일어나고 있었다. 모든 것은 실체가 없어서 본래 아무 일이 없다.

이십 년 전 서울 임제선원의 종성 스님을 찾아뵌 적이 있다. 본격적으로 마음공부를 시작하기 전이었는데, 스님을 뵙고 '죽으면 어디로 가는지' 물어보았다. 그때 스님은 '생사를 해탈하지 못해서 그런 질문을 한다.'고 말씀하셨다. 그때는 이 말이 무슨 뜻인지 몰랐다. 지금 보니 망상분별에 갇혀서 그런 질문이 나왔다. 나도 따로 없고 세상도 따로 없는데 누가 어디로 가고 온다는 말인가? 모두 생각에 사로잡혀 나와 세상을 따로 두고, 내가 세상에 태어나 살다가 죽는다고 착각하고 있었다. 자기 망상에 속아 질문했다. 있는 그대로의 실상이 드러나고 보니 모두 다 생각에 속은 일이었다.

실상을 '있는 것이 없는 것이고 없는 것이 있는 것이다.', '세간법이 불법이다.', '불이법이다.', '모든 것이 마음 하나다.' 등으로 표현한다. 그러나 실질적으로 공부를 하는 사람의 입장에서는 이런 말들도 끝내 망상임을 볼 수 있어야 한다. 실상에 밝아지기 위한 방편이었다. 강을 건너기 위한 뗏목이었고 눈앞의 실제에 이르기 위한 수레였으며, 궁극에 이르기 위해 임시로 의지한 수단이었다. 궁극에 이르러서는 방편의 말도 모두 그림자이고 분별이라는 명징한 자각이 일어나야 한다. 그래야 세상사뿐만 아니라 깨달음의 세계에서도 자유로울 수 있다.

의지했던 수단이 남아 있다면 진정 깨어난 것이 아니다. 안내하는 말에 집착하고 있다면 오히려 그 말에 구속된다. 법의 이치를 말하는 것이든 세상의 어떤 것에 관한 말이든, 마음에 둘 것이 하나도 없을 때 진정 걸림이 없어진다. 말과 생각은 이원적인 속성을 가지고 있다. 따라서 깨달음의 세계에 관한 말과 생각이 남아 있다면, 이 자체로 이원성에 갇힌 것이다. 이원성에서 벗어나는 길을 안내하는 말은 공부하는 사람 스스로 그렇게 되었을 때 그 목적이 다한다. 이런 말조차 망상임을 알고 놓아 버렸을 때 둘이 아닌 실상은 진정으로 눈앞의 현실이 된다. 분별로 드러나는 것을 따로 있다고 보고 집착한 것이 병이지, 깨달음의 세계가 따로 있는 것이 아니다.

깨달음의 세계란 분별에서 깨어난 세계다. 그래서 마지막으로 깨어나야 하는 것은 깨달음으로 안내하는 말들이다. 분별에서 깨어나더라도 눈앞의 현상은 사라지지 않는다. 그러나 눈앞의 현상은 예전에 보았던 그 현실이 아니다. 깨어난 현상은 모든 것이 마음의 분별에서 일어난 실체 없는 현상이다. 예전에는 이것이 객관적으로 존재하는 실제적인 현실로 보였다. 그것이 마음의 분별에 속은 착각이었음이 적나라하게 드러난다. 본래 어떤 현상도 머물러 있는 것이 없고 실재하는 것도 아니다. 현실 그대로 텅 비었다. 현실이 그대로 깨끗하다. 이전과 모습이 크게 다르지 않지만 더는 이전의 삶으로 되돌아갈 수 없다. 삶의 본모습이 모두 바뀌었다. 온갖 일이 다 있던 삶이 본래 아무 일이 없는 삶이다. 이 현실을 진실하게 보는 안목이 열렸다.

> 범속한 생각도 다 떨어져 나가고
> 성스러운 뜻도 모두 텅 비었다.
> 부처 있는 곳엔 노닐 필요 없고
> 부처 없는 곳은 급히 지나가야만 한다.
> 두 갈래에 집착하지 않으니
> 천 개의 눈으로 엿보기 힘들다.
> 온갖 새들이 꽃을 물어 와도
> 한바탕 웃음거리일세.
> _자원 선사, 십우도 중 '소와 사람 모두 사라지다'

모든 것이 탈락하니 이것이다 저것이다 할 것이 없다. 여기에는 부처도 없고 중생도 없지만, 부처나 법을 말하는 것에 걸리지 않고, 중생을 말하는 것에 걸리지 않는다. 양변의 분별을 떠났으니 누구도 들여다보거나 상상하거나 생각할 수 없다. 신비한 불법의 경계가 따로 있을 때는 흔적이 남아서 새들도 꽃을 물어 와 공양할 수 있었다. 그러나 그것조차 망상경계였다. 부처도 보지 않고, 부처가 없는 것도 보지 않는다. 부처도 따로 없는데 중생은 더더욱 따로 있을 수 없다.

> 한 방 때려 거대한 허공을 박살 내니
> 범부와 성인 흔적 없고 길도 막혔네.
> 방 앞엔 밝은 달 비추고 바람 소리 쓸쓸한데
> 모든 강물이 바다로 모여들지 않음 없네.
> _괴납련 화상, 십우도 중 '소와 사람 모두 사라지다'

세상을 보는 눈이 다른 차원으로 전환되었다. 초라한 현실을 떠나 진실에 마음을 두고 여기까지 왔는데, 그 길을 걸어오는 동안 초라한 현실의 실재감도 사라지고 진실도 따로 없어졌다. 체험한 여기에 마음을 두고 공부를 하다 보니, 대상을 따로 두고 있던 마음을 모두 잃어버렸다. 어떻게 해서 이런 일이 벌어졌는지 알 수 없다. 단지 스승을 믿고 가르침에 의지해서 따라왔다. 그러는 동안 따로 있다고 여겼던 것이 모두 망상임을 보게 되었고, 저절로 따로 두지 않게 되었다. 선지식들은 있는 그대로 현실을 보게 하려고 여기까지 이끌었다.

마지막 남아 있던 것이 깨달음을 향한 추구였는데, 그것조차 망상이었다. 어떤 대상이든 그것이 따로 있으면 병이다. 부처의 경지를 향해 새 나가던 마음이 망상임을 깨달으니 꿈에서 활짝 깨어난 듯하다. 눈앞으로 돌아와 딱 맞아 들었다. 마음과 경계가 이음새 없이 하나여서 사람, 사물, 상황, 사건 등 모든 것이 살아 있다. 모든 것이 낱낱이 분명하고, 어느 것 하나 진실하지 않은 것이 없다.

분별에서 깨어나느냐 그렇지 못하느냐의 문제지, 이루어야 할 게 따로 없다. 우주 전체가 한눈에 들어오고, 잠에서 확 깬 듯하다. 그동안 깨어나긴 깨어났는데 어중간했다. 이제야 잠기운이 사라져 머리털이 곤두서는 듯 정신이 번쩍 들었다. 마음이 따로 있어서 그것을 본 것이 아니라, 마음이든 무엇이든 모두 분별임을 보았다. 오히려 분별심이 뚜렷이 보인다. 사로잡혀 있던 것이 무엇인지 보인다. 조그마한 기미만 보여도 분별임이 보인다. 입을 뗄 만한 일이 아무것도 없다는 것이 명확하다. 분별이 잘 보이니 분별에 걸려 넘어지지 않게 된다. 보이지 않으면 자기도 모르게 걸려 넘어진다. 그런데 미세한 분별일지라도 잘 보이니 걸리지 않게 된다. 법이 분명해진다는 것이 이런 것이다. 눈앞에 기댈 만한 법이 따로 없다. 어느 것도 마음에 남아 있지 않다. 텅 비워지니 허전한 것이 아니라 오히려 당당하고 당연하다.

이전까지는 '생생하게 깨어 있는 하나', 혹은 '아무것도 없는 상태'에 빠져 있었다. 그러나 그것도 미세한 망상임을 깨달으니 정신이 번쩍 들었다. 세상사는 물론 세상을 벗어난 깨달음의 세계에서도 풀려나니 이 공부의 진면목이 드러난다. 이원성에서 깨어나게 하려고 부처와 조사, 선사들이 제시한 방편력이 놀라울 따름이다. 어쩔 수 없어서 깨달음을 얘기하고 그것을 언어로 이끌었는데, 끝내는 깨달음, 깨어 있음, 법, 공, 무아라는 것도 다 세상사의 분별과 다를 바 없는 분별의식이었다. 말과 생각, 감정 등 모든 것에서 확 쉬어질 뿐이다.

> "모든 마음과 모든 뜻과 모든 식으로 분별하는 생각을 떠났으며, 집착함이 없으며, 허공과 같으며 모든 법에 들어가 허공의 성품과 같으니, 이것을 말하여 무생법인(無生法忍)을 얻었다 한다. 곧바로 제8부동지에 들어가니 알기 어려우며, 차별이 없으며, 모든 모양과 모든 생각과 모든 집착을 떠나며 한계가 없고 끝이 없으며, 모든 시끄러움을 떠나서 적멸이 앞에 나타난다."
> _화엄경, 십지품, 제8부동지

마음, 뜻, 의식으로 분별할 수 있는 것은 모두 법에 대한 분별망상이다. 법에 대한 분별마저 망상임을 깨달아 모든 집착에서 활짝 깨어난다. 법에 대한 망상과 추구에서 깨어나니 모든 것이 끝 간 데 없이 텅 비고 분명하다. 어떤 경계에도 걸리지 않고 집착하지 않는다. 온갖 분별이 그대로 이 마음이어서 나고 사라지는 것이 없다.

"비구가 신통을 다 갖추고서 마음이 자재하게 되어 차례로 멸진정에 들어가면 모든 움직이는 마음과 기억과 생각과 분별이 전부 멈추어 사라지듯이, 이 보살도 마찬가지로 부동지에 머물면, 공들여 작용하는 모든 행을 버리고 공들여 작용함이 없는 법에 들어가서, 몸과 입과 뜻으로 하는 삼업(三業)이 모두 쉬어지고 과보(果報)의 행에 머무느니라. 비유하면 어떤 사람이 꿈에 큰 강에 빠졌는데 건너가기 위하여 큰 용기를 내고 큰 방편을 베풀었는데, 이 큰 용기와 베푼 방편 덕분에 꿈에서 깨어나지만, 꿈을 깨고 나면 행한 일이 모두 쉬어지는 것과 같다."
_화엄경, 십지품, 제8부동지

온갖 분별에 사로잡혀 살면 괴롭다. 존재하는 것들에서 불만족과 갈등을 느낀다. 이런 갈등에서 벗어나고 싶어서 마음공부를 하게 된다. 큰마음을 먹고 선지식의 가르침을 따라가다 보면, 어느 순간 지혜가 밝아져 본래 어떠한 갈등이나 불만족이 없었음을 깨닫게 된다. 현실을 있는 그대로 보는 눈이 열린다.

처음 공부를 시작할 때는 진실이라든가 해탈을 분별하는 마음으로 얻으려고 했다. 그런데 막상 실상에 밝아지고 나면 얻을 진실도 따로 없고, 얻는 나도 따로 없다. 본래 아무 일이 없었다. 분별하는 마음이 스스로를 억압하고 법을 추구하며 괴롭힌 것이다. 분별에서 활짝 벗어나기까지 노력 아닌 노력이 필요하지만, 분별망상에서 활짝 깨어나면 이런 노력조차 저절로 쉬어진다.

"불자여, 마치 범천에 태어나면 욕계의 번뇌가 앞에 나타나지 아니하나니, 부동지에 머무는 것도 그와 같아서 모든 마음과 뜻과 식으로 하는 행이 앞에 나타나지 않는다. 이 보살마하살은 보살의 마음, 부처의 마음, 보리라는 마음, 열반이라는 마음도 일어나지 않는데 하물며 세간의 마음이 일어나겠는가."
_화엄경, 십지품, 제8부동지

대혜종고 선사는 《화엄경》 십지품 제8부동지의 이 구절을 읽다가 안목이 분명해졌다.

"여기에 이르자 문득 장애가 사라지고, 담당 스님께서 나에게 말씀해 주셨던 방편이 문득 앞에 드러났으니, 비로소 참된 선지식이 나를 속이지 않았음을 알았던 것이다. 참된 금강권(金剛拳)이란 바로 장식임을 알아야 비로소 벗어날 수 있다."

나는 대혜 선사가 깨닫고 나서 한 이 말에 걸려 있었다. 모든 것이 하나의 의식임을 깨닫고 나서도 이 구절이 분명하지 않았다. 그런데 '하나의 식'이라는 분별도 사라지고, 깨달음을 구하거나 따로 염두에 두는 마음도 모두 망상임을 문득 깨닫게 되자 이 말의 뜻을 알 수 있었다. 금강권이란 벗어날 수 없는 감옥과 같은 장애다. 장식(藏識)이란 분별에 사로잡힌 마음이다. 깨닫지 못한 사람에게 마음의 분별상들은 실체로 보인다. 자기가 따로 있고 세계가 따로 있어서 그것들이 구속을 일으킨다. 그것이 감옥이고 벗어날 수 없는 굴레이고 번뇌다.

그러나 모든 것이 마음의 표현임을 깨달으면 벗어날 '나'도 없고 장애가 되는 것들도 따로 없다. 벗어날 이유가 없고, 벗어날 '나'와 대상이 없다. 모습이 달라진 것은 아니나, 진실이 드러나니 지혜의 눈이 열렸다. 마음에서 일어난 '나'라는 개인은 결코 마음을 떠날 수 없다. 마음을 떠나 '나'라는 개인은 나타날 수 없다. 그런데 '나'조차 마음의 표현이면, 마음을 벗어날 내가 실제로 없는 것이다. 실상에 눈뜨면 마음이 감옥이라는 사실이 오히려 무한한 자유가 된다. 삶과 죽음, 잠과 깸, 깨달음과 깨닫지 못함 등 모든 것이 마음이다. 마음이 진짜 나이고, 내가 마음이다. 삶이 마음이고, 죽음이 마음이다. 깨달음이 '이것'이고, 깨닫지 못함이 '이것'이다. 마음이 전부인 세계 그 자체가 대해탈이고 대자유다.

스스로를 묶고 있는 것은 나와 세상이 따로 있다는 분별심이었다. 분별의 핵심이라고 할 수 있는 주객관의식은 다양한 이름으로 변주된다. 마음과 경계, 나와 세상, 본질과 현상, 참된 나와 거짓 나, 주체와 객체 등이 이원성의 다양한 표현이다. 이것은 서로가 서로에게 의지하여 연기하는 관계이며, 상대적이고 동시적이다. 내가 따로 있고 대상이 따로 있는 느낌으로 나타난다. 내가 있으면 상대가 있고, 상대가 있으면 내가 있다. 따라서 법에 대한 추구나 대상화할 만한 것이 따로 있다면, 그것을 집착하고 대상화하는 내가 따로 있는 것이다.

〈십우도〉'망우존인(忘牛存人, 소는 사라지고 사람만 남다)'에서 법으로 상징된 소가 사라진 후 '인우구망(人牛俱忘, 소와 사람 모두 사라지다)'에서 그 법을 대상화하는 사람이 사라지는 순서로 표현되었지만, 실질적으로 안목이 밝아질 때는 소가 사라지면, 그것을 대상으로 삼는 '나'도 실체성을 잃어버린다. 대상이 없으면, 대상에 의지해서 드러나는 '나'도 힘을 잃어버릴 수밖에 없다. '나'는 무언가를 대상으로 추구했던 구조에서 고착된 분별의식이었다. 무언가가 있으면 '나라는 의식'이 그것을 대상화하고 있다. '식이 하나로 편재하는 전환'은 몸의 실체성에서 벗어나는 전환이었으나, '자아의식'은 여전히 남아 있었다. '순수의식 하나가 편재해 있다.'는 법에 관한 생각이나 느낌이 있을 때는 그것을 대상으로 삼는 주관의식이 동시적으로 있는 것이다.

미세한 법상도 망상임을 깨닫고 모든 추구와 대상화가 끝나야, 그것을 붙잡고 있던 '나'도 동시에 사라져서 무명(無明)에서 깨어난다. 이것이 비로소 '몸인 나'와 '마음인 나', 즉 몸과 마음에서 해탈하는 대전환이다. 따라서 〈십우도〉의 망우존인과 인우구망은 순차적으로 일어나지만 동시적이다. 법이 따로 없음이 깨달아지면, 그것을 대상으로 삼는 '나'도 사라지는 인우구망이 이루어진다. 그리고 인우구망 뒤의 반본환원(返本還源, 근원으로 돌이켜 원래대로 돌아오다)도 자동적으로 일어나는 전환이다. 소와 사람이 멸하면 아무것도 없어지는 것이 아니라, 눈앞의 현실에 초점이 저절로 맞추어진다. 언어로 설명할 수 없는 불가사의한 전환이고 체험이다.

그동안 완전한 깨달음이라는 것이 따로 있어서, 바로 지금 이것과, 그것을 기다리는 마음, 두 개가 있는 것 같았다. 마치 양쪽 눈의 방향이 서로 달라 한 눈은 지금 여기에, 다른 눈은 무언가를 향해 있는 것 같았다. 다른 곳으로 향하던 눈이 사라지면서, 애초에 체험했을 때 열린 그 한 개의 눈이 전체가 된다. 바로 지금 이 순간 눈길 가는 곳마다 액면 그대로 분명했다. 하나하나가 진실하여서 법을 생각할 필요가 없었다. 법은 생각이 아니었다. 가는 곳마다 다른 것이 없고, 무슨 생각을 해도 다른 것이 아니었다. 현실이 그대로 진실세계였다. 완전한 깨달음이 따로 있다는 분별이 사라지니 현실이 그대로 본래마음이었다. 어떤 일이 펼쳐지든 그대로 청정했다. 더 돌아갈 옛집이 없었고 옛 세계가 사라졌다. 과거에 어떻게 살았는지 그 방식을 잊어버렸다. 어둠이 모두 걷히니 본래마음 하나의 투명한 세계였다. 마음이 현실 이면에 숨어 있던 느낌이었다가, 마음이 현상과 하나로 다 드러났다. 마치 바다 표면의 반짝이는 물비늘이 그대로 물이듯이, 심연이 따로 없이 다 드러난 물의 세계다.

이 세계는 몸소 체험해 봐야 볼 수 있다. 이것은 생각으로 도저히 알 수 없다. 선종에 "천 성인도 알지 못한다."라는 말이 있다. 이것은 앎의 대상이 아니기 때문이다. 아는 자인 내가 여기에서 일어난 망상인데, 내가 아는 것은 그게 무엇이든 망상이 아닐 수 없다. 이것은 알고 모르고를 떠난 일이므로 이 사실을 분명히 깨달으면, 알려는 마음이 쉬어지고 모른다는 생각도 없게 된다.

> "도는 알고 모르는 것에 속하지 않는다. 안다는 것은 허망한 깨달음(妄覺)이고, 모르는 것은 무기(無記)일 뿐이다. 만약 생각으로 미칠 수 없는 도에 진실로 통달한다면, 허공과 같이 탁 트여서 훤히 통할 것이니, 어찌 억지로 옳고 그름을 따질 수 있겠는가?"
> _조주어록

진실로 깨달으면 알려는 마음이 사라진다. 대상으로 알려는 마음이 모두 망상이다. 본래 이 마음은 부족함이 없어서 대상으로 알 수도 없고 벗어날 수도 없다. 내가 '이것'을 알려는 것이 틈이 생긴 것이고 이원적인 분별구조다. 그동안 '이것'을 대상으로 포착하려는 마음 때문에 뚜렷이 보지 못했다. 문득 본래마음을 체험하고 나서도 분별심이 항복하지 않아 끊임없이 대상으로 '이것'을 파악하려는 습관이 남아 있었다. 꾸준히 마음공부를 하다 보면 문득 모든 분별대상이 남김없이 '이것'이라는 체험적 자각이 일어난다. 그러고 나면 '이것'을 대상으로 알려는 분별심이 떨어져 나간다. '이것'은 대상이 될 수 없다. 모든 애씀과 추구가 '이것'임이 여지없이 밝혀지니 무슨 일을 해도 다른 것이 없다.

'이것'은 무엇이 아니지만, 손을 들면 분명하고 발걸음마다 분명하다. 일거수일투족 온갖 경험과 현상이 '이것'이어서 딱 들어맞는다. 인연 하나하나가 '이것'이어서 거부할 수도 없고 취할 수도 없다. 모든 것에서 본래마음을 보니 진실이 활짝 밝아졌다. 마음 쓸 것이 하나도 없으니 진정 자유롭다. 모든 변화하는 것 그대로 진실하다.

> 근원으로 돌아오려고 온갖 애를 썼으니
> 어찌 곧장 눈멀고 귀먹은 것만 같겠는가!
> 암자 속에서 암자 밖의 물건을 보지 못하니
> 물은 스스로 아득하고 꽃도 스스로 붉구나.
> _곽암 화상, 십우도 중 '근원으로 돌이켜 원래대로 돌아오다'

원래 이 마음을 떠나 있는 것은 하나도 없다. 이 마음이 아니면 어떤 일도 나타날 수 없고 사라질 수도 없다. 그런데 분별되는 모양에 사로잡혀 살아온 세월이 깊어, 모든 것이 마음 밖에 따로 존재한다고 착각한다. 문득 모든 모양이 '알 수 없는 이것'의 투사임을 깨달아 찾지도 않고 구하지도 않게 된다. 여기까지 와 보니 본래부터 따로 볼 것도 없고 들을 것도 없다. 마음이라는 암자 안에서, 암자 밖에 무엇이 따로 있다고 착각했다. 모든 것이 암자 안의 일이다. 사람, 사물, 상상하는 모든 내용이 암자 안의 일이다. 이 마음이 전부임을 깨닫고 보니 모든 것이 저절로 푸르고 저절로 흘러간다. 내가 살아온 삶, 지금의 일, 앞으로 일어날 모든 것이 다 마음의 묘용이다. 그러니 헛힘을 쓸 필요가 없어 유유자적하다. 하나하나가 유희삼매이고 이 세상 그대로가 적멸보궁이다. 지금 눈앞의 그대로가 불국토이며, 이 마음을 한 번도 벗어난 적이 없었다.

> 모든 법이 허공 같아서 '나'도 아니며 '나 없음(無我)'도 아님을 분명히 보아 모든 법이 똑같음을 깨닫는(等覺) 것이다. 비유하면 모든 큰 바다에 모든 중생의 모습이 두루 나타나므로 일체의 도장(一切印)이라 말하는 것이다. 시방세계 중 모든 중생류는 무상보리의 바다에 나타나지 않는 법이 없다.
> _60권본 화엄경, 성기품

본래세계에 초점이 맞으면 모든 것이 그 생김새, 그 속성 그대로 평등하다. 하늘은 위에 있고 땅은 아래에 있으며, 사람은 땅 위에 살고 새는 하늘을 날아다닌다. 그러나 모두가 본래 하나다. 이것은 나의 이해나 노력과 상관없이 당연한 것이며, 원래 그래서 마음에 둘 것이 없다. 비유하면 큰 바다에 모든 모습이 비추는 것처럼 어느 것 하나 예외 없이 모두 성품바다에 출몰하고 있다. 이것이 해

인삼매이며 불국토다. 지금 이 순간 내가 발 딛고 서 있는 이 현실 세계 그대로가 이렇다. 모습은 허망하지만, 그것의 참된 본성은 똑같다. 예전에 미처 보지 못했던 진실을 보는 눈이 활짝 열렸다. 끝 간 데 없이 펼쳐진 우주가 한눈에 들어온다.

백장이 위산에게 말했다.
"불성을 보고자 한다면 시절인연을 관찰하라. 시절이 도래하면 미혹함이 곧 깨달음으로 바뀌게 되는 것처럼, 잊어버린 것이 문득 기억나는 것과 같다. 그것은 본래의 자기를 알게 된 것일 뿐이며, 다른 것에서 새롭게 얻은 것이 아니다. 옛 조사도 '깨닫고 보면 깨닫기 이전과 똑같다. 그곳에는 깨달을 마음도 없고 깨달을 진리도 없다.'라고 했다. 허망함, 평범함, 성스러움 등 차별하는 분별만 없다면 본래마음법은 원래 완전히 갖추어져 있다."

_전등록, 제9권

8
현재 삶으로 돌아오다

어린 시절 고향 마을에 오래된 공동우물이 있었다. 우물 옆으로 큰 연못이 있었고, 연못물이 넘쳐 흘러드는 논밭이 이어져 있었다. 동네 사람들은 허벅이나 물지게를 지고 와서 우물에서 물을 퍼 담고 집으로 돌아갔다. 그 옆에 있던 연못은 추운 겨울을 제외하고 아주머니들의 빨래터가 되었다. 여름이 되면 아이들은 그곳에서 멱을 감았다. 봄부터 가을까지 마을 공동목장에서 풀을 뜯던 말과 소들은 겨울이면 추위를 피해 집으로 돌아왔다. 마구간에서 한 철을 보냈는데, 연못은 겨울철 마소들의 식수이기도 했다. 하루에 한 번 연못으로 와서 물을 먹고 돌아갔다.

마을 사람들은 삼사 년에 한 번씩 공동우물과 연못을 청소했다. 집에서 들고 온 양동이나 대야로 물을 퍼서 벼가 자라는 논에 버렸다. 우물이나 연못물의 수위가 낮아질수록 버려진 물건들이 눈에 들어왔다. 진흙 속에 문드러진 빨랫비누들이 보였고, 옷가지들, 신발들, 잡동사니들이 나왔다. 제법 깊은 공동우물에도 손잡이 빠진 양동이, 짝 잃은 신발, 잡다한 옷가지들이 얽혀서 바닥에 가라앉아 있었다. 그것들은 마을 사람들이 마시는 우물물에 오랫동안 잠겨 있었다. 물을 퍼다 마실 때는 물속에 그런 것들이 있는 줄 몰랐다. 쓰레기가 빠져 있는 물에서 멱을 감고, 소와 말에게 물을 먹였다. 수면이 높을 때는 그것들이 보이지 않았다. 그런데 수면이 아래로 내려가자 쓰레기들이 모습을 드러냈다.

마음공부도 이와 닮았다. 분별집착심이 가득할 때는 마음 하나뿐인 실상에 어두워서 분별의 정체를 제대로 보지 못한다. 모두 한마음에서 빚어낸 허망한 모습들인데 그것을 실재라고 착각한다. 본래마음을 체험하고 나서 분별상이 보이기 시작한다. 대상을 분별집착 하는 마음에서 깨어날수록 지혜가 열린다. 마치 수위가 낮아지면서 우물 전체가 적나라하게 드러나 보이는 것처럼 지혜의 눈이 밝아질수록 내면의 분별상이 있는 그대로 드러난다.

우물 속을 제대로 보지 못하면 오염된 물을 마셔야 한다. 그처럼 깨어나지 못한 분별심이 남아 있으면, 그 틀에 사로잡힌 삶을 살 수밖에 없다. 본성 체험은 깨어남의 시작일 뿐이다. 진정한 마음공부는 체험을 시작으로 고착된 마음의 분별에서 남김없이 깨어나는 길이다. 내면의 분별은 누가 대신 봐 줄 수 없다. 스스로 집착한 분별이기에 스스로 보아 깨어나야 한다. 깨어날수록 장애 되었던 것들이 사라지고, 자아의 존재감도 사라진다.

선지식은 이런 여정을 이미 지나온 사람이기 때문에 분별에서 깨어나는 길을 안내해 줄 수 있다. 자기 경험을 바탕으로 공부인이 사로잡힌 분별을 가리켜 보인다. 공부인은 스승의 안내를 등불 삼아 분별을 면밀히 보고 깨어난다. 따로 두고 있던 것들이 망상임을 자각할수록 자유롭다. 자기 몸에 대한 분별집착심, 대상사물에 대한 분별집착심, 깨달음에 대한 분별집착심이 모두 망상임을 깨달으면, 그것을 대상으로 삼는 주관의식도 사라진다. 본래 이것저것이 따로 없었다. 모두가 분별의식의 놀음이었다. 분별이 모두 사라지면 마치 꿈에서 활짝 깬 듯하여 지금 현실 그대로가 진실임을 보게 된다.

달마 대사는 소림사에 9년 머물고 서쪽 천축으로 돌아가려 할 때 문인들에게 말했다.
"때가 되었다. 너희들은 각자 얻은 바를 말해 보아라."
이때 문인 도부가 대답했다.
"제 소견으로는 문자에 집착하지도 않고 문자를 떠나지도 않는 것을 도의 작용으로 삼습니다."
대사가 말했다.
"너는 나의 피부를 얻었다."
비구니 총지가 말했다.
"제가 이해하기로는 아난이 아촉불국을 보았을 때처럼 한 번 보고는 다시 보지 않는 것과 같습니다."
대사가 말했다.

"너는 나의 살을 얻었다."

도육이 말했다.

"사대가 본래 공하고 오온이 있지 않으니, 단 한 법도 얻을 수 없습니다."

대사가 말했다.

"너는 나의 **뼈**를 얻었다."

마지막으로 혜가가 절한 뒤에 제자리에 서자, 대사가 말했다.

"너는 나의 골수를 얻었다."

_전등록, 제3권

6세기 초 보리달마 대사는 중국에서 대중을 깨우쳤다. 그가 중국에서 교화를 마친 뒤 인도로 돌아갈 때 제자들의 안목을 점검했다. 모두 네 명의 제자에게 공부한 안목을 내놓아 보라고 했다. 제자들은 돌아가면서 대답을 했는데, 도부는 스승 달마의 피부를 얻었고, 비구니 총지는 살을 얻었으며, 도육은 **뼈**를 얻었고, 혜가는 골수를 얻었다고 했다. 달마의 몸에 빗대어 설명했는데, 여기서 달마(dharma, 법, 본체)의 몸은 법신(法身)을 말한다. 달마는 제자들의 안목이 법신에 밝은 정도를 비유하여 말했다.

피부는 몸의 표면이다. 법신인 몸과 떨어져 있는 부위는 아니지만, 몸 안으로 들어온 것은 아니다. 마치 십우도에서 소의 엉덩이를 얼핏 본 것과 같은 공부라고 할 수 있다. 이 상태는 마음을 체험하기는 했으나 여전히 겉도는 상태다. 공부가 따로 있고 삶이 따로 있다. 챙기면 있는 듯하지만 챙기지 않으면 잃어버린 것 같은 얕은 안목이라 할 수 있다. 챙겨야 할 마음이 따로 없는데, 스스로 밝지 않아 공부가 겉돌고 있다.

살은 피부보다는 깊이 침투해 들어왔으나 뼈와 골수에 못 미친다. 마음을 체험하고 확신이 있지만, 여전히 이원성이 남아 있다. 이것을 잃어버릴 염려는 없지만, 이것을 확연히 자각하지도 못했다. 여전히 삶과 공부, 나와 이것이 따로 있는 분리감이 남아 있다. 자기라는 생각, 법이라는 생각이 있다. 이런 생각이 마음의 미세한 분별집착심이라는 것을 면밀히 보지 못했다.

달마의 뼈를 얻었다는 것은 피부나 살보다 공부가 깊어졌다는 것이다. 이전보다 한결 가벼워지고, 따로 떨어져 있는 느낌이 강하지 않다. 보고 듣고 느끼고 알고 생각할 때 '이것'임을 안다. 멀리서 찾을 필요도 없고, '이것'을 떠올릴 필요가 없다. 눈 가는 대로, 행동하는 대로 '이것'을 확인한다. 그동안은 내가 '이것'을 쫓아다닌 것 같은데, 이제는 쫓아다닐 필요 없이 나의 모든 것과 같이 있다. 그러나 틈이 있다. '모든 것이 법'이라는 잔상이 남아 있다. '모든 것이 진실하다.'는 생각이 남아 있다. '모든 것이 하나'라는 의식이 있으며, '모든 것은 무아이고 무상하다.'는 분별이 남아 있다. 법에 대한 느낌, 텅 빈 어떤 상태 등 법의 그림자가 남아 있다. 스스로는 아무런 장애가 없다고 느낄 수 있다. 하지만 공부의 흔적이 남아 있어서 정밀하지 않다. 잔상이 조금이라도 남아 있다면 완전히 잠에서 깬 게 아니다.

달마의 골수를 얻었다는 것은 법조차 남아 있지 않다는 것이다. 진실이 따로 없다. 모든 분별이 쉬어져 걸리는 것이 없다. 잡고 있던 대상이 모두 사라지니 그것을 대상으로 삼는 주관의식도 사라졌다. 마음이 사라지고, 존재가 사라지고, 법에 관한 생각과 느낌이 아무것도 남아 있지 않다. 인연이 일어나면 생각하고 느끼고 알지만, 마음이 따로 없다. 존재감이 사라졌지만, 못하는 일이 없다. 어떤 마음도 없어서 걸리지 않는다. 모든 일이 일어나지만, 어떤 것도 남아 있지 않다. 모든 것에 활짝 깨어날 뿐, 법이라는 것이 없다. 현실의 장애가 모두 분별망상에 사로잡혀 생긴 착각이라는 것을 훤히 본다. 모든 것이 너무도 당연한 '이것'이어서 법에 관한 이런저런 생각이 없다. 시작도 끝도 알 수 없었던 꿈에서 깨어나 그동안의 실수를 돌아보면 헛웃음이 난다. 그동안 평지풍파를 일으켰다. 본래 아무 일이 없었다.

마음을 체험하고 아직 활짝 깨어나지 않은 탓에 왔다 갔다 하는 느낌이 있었다. 내가 따로 있다면 내 상태에 따라 왔다 갔다 한다고 여긴다. 그러나 내가 따로 없으면 오고 감이 없고, 후퇴가 없고, 나아감도 없다. 그냥 지금 현재 눈앞의 이것이 전부다. 따로 있는 것이 없으면, 자유롭고 일이 없다. 내 몸이 따로 없으면, 더이상 내 몸을 기준으로 세상을 볼 수 없게 된다. 후퇴하고 싶어도 후퇴할 수 없고, 나아가고 싶어도 나아갈 길이 따로 없다. 바로 지금 발 딛고 서 있는 여기가 시작이자 중간이자 끝이다. 바로 지금 여기 부동의 자리에서 모든 무상한 것을 본다. 무상해도 무상하다는 생각이 없다.

조산본적 선사가 덕 상좌에게 물었다.
"'부처님의 참 법신은 마치 허공과 같은데 중생에게 응하여 형상을 나타내는 것은 마치 물에 비친 달과 같다.'라고 하니 그 도리를 어떻게 설명하는가?"
덕 상좌가 말하였다.
"마치 당나귀가 우물을 쳐다보는 것과 같습니다."
조산 선사가 말하였다.
"말인즉 바로 크게 말했으나 다만 팔 할만 말했을 뿐이다."
덕 상좌가 말하였다.
"화상께서는 어떻게 하시겠습니까?"
조산 선사가 말하였다.
"마치 우물이 당나귀를 쳐다보는 것과 같다."
_직지심경

마음을 체험하지 못했을 때는 마치 당나귀가 세상 만물을 보는 듯하다. 이 마음을 체험하면 당나귀가 우물 즉 '마음'을 보는 듯하다. 모든 것이 마음에 비친 환상과 같음을 깨달았으나 '당나귀'인 '나'가 따로 있다는 의식에 길려 있다. 그러나 공부가 깊어져서 '나'

도 따로 없어지면, 마음이 '나'뿐만 아니라 세상만사를 모두 비춤을 보게 된다.

마음공부는 텅 빈 마음 바탕이 자각되고, 모든 일이 '이것'임을 체득하는 여정이다. 그 길에 다양한 내적 변화가 일어난다. 현상경계에서 풀려나면서 비일상적인 경험을 할 수도 있다. 그러나 일상적인 것이든 비일상적인 것이든 모두 '이것'이다. 아직 현상변화에 의미를 두고 있다면 새어 나가는 분별심이 남아 있는 것이다. 결국 어떤 현상이 일어나도 이 '알 수 없는 마음'이라는 자각이 확실해지면 안팎의 대상으로 향하던 시선이 사라진다.

결국, 물들지 않는 마음이 전부임을 깨달아 대상을 보는 눈이 따로 없어져 버린다. 분별대상에 대한 추구와 집착이 끝나 마음이라는 분별도 따로 없어져 버리면, 현실에 초점이 맞는다. 내가 찾던 곳은 단 한 번도 떠난 적이 없는 바로 여기 이 삶의 본바탕이다. 우리는 단 한 번도 진실을 떠나 살지 않았다. 한 번도 진실하지 않은 적이 없었다. 다만 그 사실에 어두웠을 뿐이다. 앞뒤 좌우 안팎 위아래 따로 없이 탁 트여 눈길 가는 곳마다 진실하고 걸음걸음이 자유롭다. 자기가 사라지고 진실 혹은 법도 따로 없어서 있는 그대로 낱낱이 평등하다.

분별되는 것들은 마음의 투사일 뿐이다. 마치 물에 뜬 얼음이 물과 다른 것이 아니듯이 본래 따로 있는 물건이 아닌데, 마음에 밝지 않아 따로 존재하는 것으로 착각했다. 모든 것의 원천을 체험하면서 이런 분별들에서 깨어나기 시작한다. 모든 것이 물임을 보면서 각각의 얼음 조각들 그 모습 그대로 물임을 보게 된다. 그 모습 그대로 물임을 자각하면 얼음 조각들은 모양의 정체성을 잃는다. 깨어날수록 더욱 미세한 분별대상들이 자각된다. 모든 것은 시공간을 초월한 이 마음이다. 모든 것에서 남김없이 밝아지면 우물 같은 마음도 따로 염두에 둘 물건이 아님을 깨닫게 된다. 따로 두고 있는 것이라면 그것이 무엇이든 본래마음이 한 번 굴러 일어난 분별이기 때문이다.

마음이 어디에 있는가? 하늘에 있고 구름에 있다. 땅에 있고 기어가는 벌레에 있다. 바람에 있고 나무에 있다. 돌멩이에 있고 바다에 있다. 말하는 사람에게 있고, 침묵하는 사물에게 있다. 일상생활 경험하는 것 그대로 다른 것이 아니다. 이 마음을 따로 두었던 분별집착심에서 활짝 깨어나야 한다. 마음에 따로 두고 있던 것이 모두 망상임을 깨달으면, 공부의 잔상이 없고 깨달음에 관한 생각이 없다. 현실이 그대로 남김없이 마음이다. 틈이 없고 그림자가 없으며, 깨달음에 관한 생각과 추구가 없다. 본래마음을 체험하고도 실상에 완전히 밝지 않으면, 마음에 이런저런 분별이 남아 있기 마련이다. 그런 분별이 모두 사라져야 이 마음이 태양보다 밝아 온 우주를 다 비추고 있으며, 우주 전체가 틈 없이 바로 '이것'임을 깨닫게 된다.

2003년 9월에 본래마음을 체험하고, 2013년 1월에 공부가 따로 없어지는 체험이 일어났다. 그동안 마음공부 길을 가다가 모든 추구가 망상이라는 대전환이 일어났다. 무엇이 되었든 그것이 따로 있다면 모두 마음이 한 번 굴러 일어난 허망한 의식이다. 기미만 보여도 망상임을 깨닫고 보니 공부가 따로 없었다. 그동안 피하고 싶었던 현실이 그대로 진실의 세계였다. 이 진실을 떠나 따로 갈 곳이 없었고 갈 수도 없었다. 마음이 사라지니 현실이 선명했다.

그동안 이것을 뚜렷이 보지 못해서 회피하고 퉁치고 우회하고 있었다. 현실에서 도피하려고 마음공부 길에 들어섰는데, 도달한 곳은 본래 한순간도 떠난 적이 없는 눈앞의 현실이다. 삶이 그대로 도(道)였다. 낱낱이 그대로 공부였다. 모든 것이 하나로 평등한 자리에서 차별되는 삶을 경험하고 있었다. 본래 어떠한 조건 없이 자유였고 평화였다. 삶의 무게가 사라지고 온갖 경험에서 걸리지 않고 매이지 않는 삶은 당연했다. 노력을 해서 얻는 것이 아니라 본래 그랬다. 묶인 내가 없고, 나를 묶을 대상이 본래 따로 없었다.

현실적인 문제가 모두 사라지는 것은 아니다. 본래 평등한 채로 그대로 있었다. 이런 진실에 눈뜨면서 나 스스로를 돌아볼 수 있었다. 관계 맺고 있는 타인을 많이 의식하고 살았다. 그들의 요구를 미루어 짐작하고 그들이 원하는 행동을 하려고 부단히 노력했다. 그러나 그것이 결코 건강하지도 않고 서로의 행복을 위한 길도 아니라는 것을 알게 되었다.

자신의 생각과 감정을 있는 그대로 느끼려 했고, 그런 변화가 어렵지 않게 일어났다. 건강한 삶, 행복한 삶은 자기 마음에 솔직한 삶이라는 것을 알게 되었다. 자신의 감정이나 생각을 집착하거나 억압하거나 강요하지 않지만, 솔직하게 보고 관계 속에서 자유롭게 스스로를 드러낼 수 있다. 갈등이나 문제가 생겨도 실재의 무게감이 사라진 가벼운 삶이어서 큰 걸림 없이 해결할 것은 해결하고, 그렇지 못하는 것은 내려놓게 되었다. 마음을 체험하고 공부가 깊어지면서 자기도 모르게 일어나는 변화다. 법이 분명해지면 더욱 그리되어 미세한 분별이나 장애에서도 깨어난다.

사립문을 닫고 홀로 있으니, 천 명의 성인도 알지 못한다. 자기의 풍광을 묻어 버리고, 옛 성현이 간 길도 저버린다. 표주박을 들고 저자에 들어가고, 지팡이 짚고 집으로 돌아간다. 술집과 생선가게에서 교화하여 부처를 이루게 한다.
_자원 선사, 십우도 중 '저잣거리로 들어가 도움의 손길을 베풀다'

화광동진(和光同塵)이라는 말이 있다. 빛을 부드럽게 하여 속세의 티끌에 같이한다는 뜻이다. 자신의 빛을 숨기고 깨닫지 못한 사람과 하나 되어 그들이 깨어나게 하는 일을 돕는다는 말이다. 이 일을 밝혔다고 특별한 능력이 생기지도 않고, 삶의 처지가 크게 달라지지도 않는다. 사업가가 변호사 되지 않고, 변호사가 교사 되는 일이 아니다. 직장인은 직장인으로서, 남성, 여성, 인간은 그 모습 그대로 살아가는데, 그 어느 것도 따로 있지 않아 묶이지 않는다. 아무것도 정해지지 않은 자리에서 마음 가는 대로, 펼쳐지는 인연 따라 살아간다.

주관과 객관이 사라진 자리에서 모든 차별을 걸림 없이 경험한다. 더이상 찾고 구할 법은 없지만, 삶에서 여전히 미세하게 남아 있는 무의식적인 분별습관에서 깨어나는 여정은 끝이 없다. 온통 하나로 밝아져 법에 대한 추구심은 사라졌지만, 얼음알갱이처럼 남아 있는 미세한 분별습관을 보게 된다. 단순한 습관, 감정, 가치관, 고정관념에 이르기까지 무의식적으로 따로 두고 있던 것들이 드러나면 훨씬 더 정밀하고 정밀하게 깨어난다. 미세하고 미세한 분별심이 녹아내리면서 더 틈이 없어지고 원만해진다. 아주 작은 알갱이까지 녹아 물로 돌아가는 공부로 깊어진다.

세상의 모든 것을 괴로움이라고 보면서도 일부러 생사윤회 속에 태어난다.
내면에 나라고 할 것이 없음을 보지만, 결코 자신을 싫어해서 버리지 않는다.
밖에 중생이 따로 없음을 보지만, 늘 중생을 일깨우는 일을 싫어하지 않는다.
열반이 끝내 고요함을 보지만, 고요히 사라진 곳에 떨어지지
않는다.
멀리 벗어남이 마지막 안락임을 보지만, 몸과 마음을 싫어하고
근심하지 않는다.
_유마경, 제5권 보살행품

    세상의 모든 것은 머물러 있지 않다. 활짝 깨어나면 모든 것의 무상함을 보면서도 무상함과 하나 되어 걸림이 없다. 나라고 할 것이 따로 없음을 알면서도 나를 싫어하거나 버리지 않는다. 나의 있는 그대로 모습을 인정하고 사랑하지만, 그것에 연연하지 않는다. 모든 것이 평등하다는 자각은 모든 것의 고착성을 해체한다. 무상하다는 것은 머물러 있지 않는 것이다. 그것들이 가지고 있는 조건을 허용하고, 그 조건에 따른 변화를 받아들인다. 이것은 수동성이나 능동성을 벗어난 자연스러움이다. 때로 수동적으로 보이기도 하고 능동적으로 보이기도 하나, 그것은 보는 사람의 규정일 뿐, 행하는 사람에게는 그런 생각이 없다. 자기 몸과 마음에 알맞은 인연을 따라간다. 자기의 욕구나 주장을 무시하지 않는다. 그렇다고 자기 욕구나 주장만 집착하여 사회규범을 무시하지 않는다. 우리가 겪는 괴로움은 자기의 욕구는 충족시키고 사회적 제약은 받지 않으려는 마음 때문이다. 또 자신의 욕구를 억압만 하고 사회의 요

구만 따르는 마음 때문이다.

　분별로 드러난 대상이 따로 존재한다는 착각에서 생기는 갈등과 괴로움이다. 자신이든 사회든 본래는 정해진 것이 하나도 없다. 선과 악, 개인의 욕구와 사회적 제약이 모두 정해진 것이 아니다. 모든 것이 마음의 표현임을 깨닫게 되면, 어느 것도 머물러 있지 않고 따로 존재하지도 않는다는 것을 본다. 그러나 이 모든 현상이 사라지는 것도 아니다. 비록 실체가 없지만, 그 인연 그대로 인과적으로 펼쳐진다. 모습은 무상하지만, 무상한 것 그대로 질서가 있다. 무상한 현상은 꿈처럼 끊임없이 펼쳐진다. 다만 존재의 세계가 아니라 환상의 세계와 같음을 보게 된다. 그러므로 사랑은 사랑이고, 슬픔은 슬픔이다. 그런데 그 사랑, 그 슬픔 그대로 진실하다. 사랑을 떠나지 않고 슬픔을 버리지 않는 삶을 살게 된다. 사랑과 슬픔이 모두 하나인 무한한 사랑이다. 걸림 없는 삶은 몸소 분명하게 깨어나는 체험을 통해 저절로 이루어진다.

　마음공부에서 체험적 자기증명은 필수다. 직지인심, 견성성불의 방편으로 공부할 때는 특별한 수행을 요구하지 않는다. 마음을 곧장 가리키고 분별에서 깨어나게 하는 법문을 듣는다. 그런데 듣고 이해만 하고 직접 자기 삶에서 증명되지 않으면, 오히려 들은 법문이 장애가 될 수 있다. 이 공부는 분별에서 깨어나는 체험의 연속이라고 해도 지나치지 않다. 지혜는 지식이 아닌, 우리가 본래 갖추고 있는 능력이다. 누구나 갖추고 있는 타고난 성품이다. 이것이 실제로 활짝 밝아져서 모든 것이 따로 없어져 버리는 내적 혁명이 마음공부다. 참된 마음공부를 하다 보면 이런 실질적인 전환이 반드시 일어난다. 이 일은 우리가 흔히 상상하는 것처럼 저 멀리 있는 것도 아니고 특별하지도 않다. 매 순간 호흡하는 것이고, 느끼는 것이고, 걷는 것이다. 빈틈없이 하나로 경험하는 것이다. 태어나 살다가 죽을 때까지 늘 '이것'이다. 그래서 그것은 바로 지금 이 순간 보고 느끼고 아는 눈앞의 현실이다.

현재 삶으로 돌아오다

초판 1쇄 발행일 2022년 10월 5일
　　3쇄 발행일 2024년 10월 2일

지은이 임순희

펴낸이 김윤
펴낸곳 침묵의 향기
출판등록 2000년 8월 30일, 제1-2836호
주소 10401 경기도 고양시 일산동구 무궁화로 8-28,
　　　삼성메르헨하우스 913호
전화 031) 905-9425
팩스 031) 629-5429
전자우편 chimmukbooks@naver.com
블로그 http://blog.naver.com/chimmukbooks

ISBN 978-89-89590-97-2 03220

*책값은 뒤표지에 있습니다.